EL SECRETO DE UN GANADOR

Novak Djokovic

Prólogo del doctor Williams Davis

El secreto de un ganador

EL PLAN DE 14 DÍAS SIN GLUTEN PARA LA EXCELENCIA FÍSICA Y MENTAL

U R A N O

Argentina – Chile – Colombia – España

Estados Unidos – México – Perú – Uruguay – Venezuela

Título original: *Serve to Win — The 14-Day-Gluten-Free Plan for Physical and Mental Excellence*
Editor original: Zinc Ink, an imprint of The Random House Publishing Group, a division of Random House LLC, New York, a Penguin Random House Company
Zinc Ink is a trademark of David Zinczenko
Traducción: Carme Font Paz

Ningún libro puede sustituir el diagnóstico experto y las recomendaciones profesionales de un médico de confianza. Asegúrese de consultar con su médico antes de tomar cualquier decisión que afecte a su estado de salud, especialmente si ya sufre una enfermedad, dolencia o síntoma que requiera tratamiento.

1.ª edición Noviembre 2013

ISBN: 978-84-7953-866-3
E-ISBN: 978-84-9944-641-7
Depósito legal: B-23.509-2013

Fotocomposición: Ediciones Urano, S.A.
Impreso por: Rodesa, S.A. – Polígono Industrial San Miguel
Parcelas E7-E8 – 31132 Villatuerta (Navarra)

Impreso en España – *Printed in Spain*

Para mi familia y amigos,
y mis entrenadores y compañeros de equipo,
quienes han trabajado mucho y muy duro
para hacer realidad mi sueño.

Para Jelena Ristic, que lo es todo para mí.

Y para el pueblo de Serbia.

«Vivimos con lo que ganamos, pero creamos una vida con lo que damos.»

WINSTON CHURCHILL

ÍNDICE

PRÓLOGO

E L RENDIMIENTO HUMANO en su máxima expresión: esto es lo que Novak Djokovic ha logrado en el mundo del tenis. Sólo una selecta minoría alcanza este nivel en cualquier ámbito, y requiere una culminación de talento, valor y determinación —así como la superación de todo tipo de obstáculos— para llegar ahí.

En ello consiste la meta de todo esfuerzo humano, desde la física cuántica hasta la creación de programas informáticos o el tenis. El rendimiento en su máxima expresión es algo esquivo para la mayoría de personas, debido a las barreras físicas y emocionales que encontramos en nuestro camino y que nos impiden alcanzar la verdadera cima del potencial del cuerpo y la mente humanos.

Novak Djokovic ha superado increíbles dificultades para alcanzar un lugar privilegiado en la historia del tenis. Consiguió entrenarse en Serbia, un país en el que el tenis era un deporte prácticamente desconocido. Continuó con su exigente disciplina de entrenos mientras su ciudad natal de Belgrado permanecía sitiada durante la guerra de Kosovo y su familia se albergaba durante meses en un refugio antiaéreo. Aun así, a pesar de los obstáculos que tuvo que superar, hubo algo que por poco dio al traste con este campeón. Ese escollo era el trigo moderno.

Cuando en 2010 le vimos jugar en los cuartos de final del Abierto de Australia contra Jo-Wilfried Tsonga, saltaba a la vista que algo estaba interfiriendo en la capacidad de Djokovic de rendir al máximo: un golpe defectuoso, un cálculo erróneo de un milisegundo, una mueca de dolor ante una devolución envenenada, y un tiempo muerto por razones médicas en el cuarto set en el que saltaba a la vista que sufría un fuerte dolor abdominal. El resultado fue la derrota tras un enfrentamiento que duró varias horas. Su final del Abierto de Australia de 2012 contra Rafael Nadal fue una historia totalmente distinta: Djokovic estaba relajado, seguro y controlaba el juego. En definitiva, estuvo brillante. ¿Cómo se produjo semejante transformación? Muy sencillo. Derribó las barreras del máximo rendimiento mental y físico al hacer justo lo contrario de lo que no paran de repetirnos los nutricionistas clásicos: eliminó los «saludables cereales integrales» de su dieta.

Como resultado de ello, ganó tres torneos de Grand Slam en 2011 (el Abierto de Australia, Wimbledon, y el Abierto de Estados Unidos), ganó la cifra sorprendente de cincuenta encuentros de los cincuenta y uno que disputó en doce meses, y se colocó en el primer puesto del *ranking* mundial de tenis masculino. Su rendimiento de ese año dejó asombrados a otros grandes jugadores, y obligó a Rafael Nadal a declarar que el juego de Djokovic representaba «el máximo nivel de tenis que había visto en su vida».

¿Cómo es posible que el hecho de eliminar un componente habitual de la dieta humana —el trigo se encuentra en casi todos los alimentos procesados— catapultara el rendimiento de un atleta hacia nuevas cimas, permitiéndole así expresar todo su potencial mental y físico? Ésta es precisamente la pregunta a la que he dedicado los últimos años de mi carrera: ¿por qué el trigo moderno, producto de las manipulaciones genéticas de los genetistas y la industria agropecuaria, es capaz de debilitar el rendimiento físico y mental, al margen del talento, la capacidad o la motivación de una persona?

He sido testigo de ello hasta límites insospechados. El trigo moderno puede deteriorar la salud del tracto digestivo, provocando dolencias que van desde el reflujo ácido a una colitis ulcerosa y otros tipos de dolor abdominal. Puede provocar inflamación (por lo general, rigidez y dolor de las articulaciones) así como enfermedades autoinmunes (artritis reumatoide y tiroiditis de Hashimoto). Puede enmascarar o empeorar cuadros psiquiátricos como la paranoia o la esquizofrenia, y desencadenar episodios de conducta violenta y dificultades del aprendizaje en niños que padecen distintos grados de autismo. Puede provocar aumento de peso, especialmente en la zona del abdomen, debido a su efecto único de estímulo del apetito. Incluso los atletas que se entrenan varias horas al día pueden sufrir sobrepeso. Puede debilitar el rendimiento deportivo al provocar alguna de estas dolencias y muchas otras, además de la sensación de desorientación mental, cansancio crónico, y alteraciones del equilibrio hormonal, lo cual desencadena una montaña rusa física y emocional que puede afectar a cualquier persona en cualquier momento.

Le tocó el turno al señor Djokovic durante ese partido que disputó contra Tsonga en el año 2010. Un partido que sabía que debería haber ganado.

Como soy el padre de una hija que es jugadora de tenis profesional, puedo comprender la extraordinaria cantidad de tiempo y esfuerzo dedicados a alcanzar la cima del mundo del tenis. De todos los obstáculos que se deben superar para lograr un nivel de máximo rendimiento físico y mental, ¿cómo es posible que un simple fallo nutricional pueda tener tanta influencia? La ingesta de trigo siempre se ha dado por sentada, incluso en las insignes cumbres del mundo del deporte profesional, a pesar de que puede interferir en el rendimiento del atleta, entorpecer su concentración y hacer sucumbir a todo un campeón.

Hemos entrado en una nueva era de rendimiento deportivo. Es una nueva era porque debemos transformarnos en todos los ámbitos de nuestra vida. Es una nueva era porque rechazamos el consejo de consumir más «saludables cereales integrales». La experiencia del señor Djokovic es perfectamente coherente con lo que he observado en cientos de miles, tal vez millones, de personas que han seguido el consejo de eliminar de su dieta cualquier rastro de trigo moderno: como consecuencia de ello, esas personas han experimentado mejoras sorprendentes en su salud y en su vida.

Me emociona saber que toda una personalidad pública como Novak Djokovic, alguien al que millones de aficionados al tenis admiran y les inspira confianza, haya decidido hablar abiertamente sobre este tema y servir de magnífico ejemplo de lo que una persona puede lograr con su compromiso excepcional y el trabajo duro, unidos a un interés genuino por alcanzar al máximo rendimiento a través de la dieta.

Doctor WILLIAM DAVIS
www.wheatbellyblog.com
Autor de *Wheat Belly: Lose the Wheat, Lose the Weight, and Find Your Path Back to Health*, superventas número uno del *New York Times* y de *Wheat Belly Cookbook*, superventas del *New York Times*

La dieta que me transformó

CÓMO PASAR DE ESTAR AL BORDE DEL FRACASO
A SER CAMPEÓN DEL MUNDO... EN 18 MESES

JUSTO CUANDO ESTABA LLEGANDO a lo más alto, toqué fondo. Tenía diecinueve años de edad, era un muchacho desconocido de un país destrozado por la guerra que de repente había irrumpido en el circuito profesional. Había ganado nueve partidos consecutivos y estaba a punto de ocupar el primer puesto en la ronda final del Abierto de Croacia de 2006. El público estaba de mi parte; mi equipo me animaba.

Pero no podía oírles. Lo único que podía oír era el estruendo de mi cabeza. Lo único que podía sentir era dolor. Algo me estaba obstruyendo la nariz, apretaba mi pecho, y me pesaban las piernas como si fueran de cemento.

Miré al adversario que tenía al otro lado de la red, Stanislas Wawrinka. Miré las gradas, donde mi madre permanecía sentada. Luego, de repente, la gravedad me absorbió de vuelta hacia la pista de tierra batida. Levanté la vista al cielo abierto croata, el corazón me latía con fuerza. Esa Maldición —la misteriosa fuerza que me chupaba energía sin previo aviso— hacía mella en mí una vez más.

Aunque me esforzaba por inspirar con fuerza, no me llegaba el aire. Me ahogaba.

Mi padre, Srdjan, salió a la pista, y, acompañado de un médico, me levantó por ambos brazos y me sentó en una silla. Miré a mi madre, que sollozaba sentada, y lo supe. Este torneo había acabado. Y tal vez también el sueño de mi vida.

La mayoría de personas no deciden lo que quieren de la vida cuando tienen seis años de edad, pero yo sí. Trece años antes, sentado en el pequeño comedor de la pizzería de mis padres en la remota ciudad de montaña de Kopaonik en la zona rural de Serbia, vi a Pete Sampras ganar Wimbledon, y lo supe de inmediato: algún día ése sería yo.

Nunca había jugado al tenis. Ninguno de mis conocidos jugaba al tenis. En Serbia, el tenis era un deporte muy minoritario como lo pueda ser, por ejemplo, la esgrima. Además, el glamour de Londres estaba muy lejos de lo que alguien podía esperar alcanzar en esa solitaria y pequeña localidad turística en la que vivía con mi familia. Pero en ese preciso instante, supe lo que quería por encima de cualquier otra consideración: quería levantar el trofeo de Wimbledon por encima de mi cabeza, oír los vítores de la multitud, y saber que me había convertido en el jugador número uno del mundo.

Cuando tenía cuatro años mis padres me compraron una pequeña raqueta con los colores del arco iris y unas pelotas Wiffle. Me entretenía durante horas dando raquetazos contra la pared del restaurante. Pero en el preciso instante en que vi a

Sampras ese día, lo supe. En los trece años siguientes, dediqué cada jornada de mi vida a alcanzar mi objetivo. Mi familia hizo incontables sacrificios; mis amigos me apoyaron desde el principio; mis preparadores, entrenadores y seguidores trabajaron conjuntamente para acercarme en todo lo posible al sueño de mi vida.

Pero había algo en mí que no funcionaba, que afectaba mi salud. Algunos lo consideraban una alergia, otros decían que era asma, y aun otros aseguraban que no estaba en forma. Pero no importaba el nombre que le dieran, nadie sabía cómo curarlo.

No era la primera vez que me había derrumbado en un gran torneo. Un año atrás, cuando ocupaba el puesto 153 del *ranking* mundial, sorprendí al número ocho de entonces, Guillermo Coria, al llevarme el primer set de nuestro partido en mi primera participación en el Abierto de Francia. Pero en el tercer set empezaron a pesarme mucho las piernas y no podía respirar, así que acabé por desistir. «Evidentemente, al cabo de un rato se sentía cansado —comentó Coria después—. Si uno está en forma, debe ser capaz de jugar un partido largo en un día caluroso.»

Al cabo de tres meses, en la ronda preliminar de mi primer Abierto de Estados Unidos, mientras jugaba contra Gael Monfils, me desmayé literalmente en la pista. Quedé tumbado de espaldas como una ballena varada un día húmedo a 27 grados de temperatura. Me costaba respirar y me quedé esperando a recibir ayuda. Después de cuatro vergonzosos tiempos muertos, me las arreglé para ganar el partido, pero al salir de la pista me abuchearon y mi bajo estado de forma fue la comidilla del torneo. «Novak tal vez tendría que cambiar algunas cosas», declaró Monfils.

Lo intenté. En el tenis profesional de hoy en día, el cambio más insignificante en tu nivel de juego, tu estado físico o tu concentración mental puede marcar la diferencia. Practicaba por las mañanas y las tardes, levantaba pesas, montaba en bicicleta o corría durante varias horas al día. Resultaba absurdo que estuviera en baja forma. Cambié de preparadores físicos en busca de un nuevo régimen de ejercicios. Cambié de entrenadores, pensando que cambiando mi técnica me liberaría de esa maldición. Me operé la nariz con la esperanza de poder respirar con más facilidad. Con cada cambio notaba una ligera mejora; en cada temporada me sentía más fuerte y en forma. En 2007, me convertí en el segundo jugador en derrotar a Roger Federer y Rafael Nadal desde su ascenso a la cima de este deporte.

Pero cada vez que avanzaba un gran paso hacia mi sueño, tenía la sensación de llevar atada una cuerda al torso que tiraba de mí hacia atrás. Los torneos de tenis profesional tienen lugar a lo largo de una temporada continua de once meses, y la clave de la regularidad es tener la capacidad de recuperarse rápidamente de un partido a otro. Yo ganaba un torneo, y luego fallaba de manera inesperada en el siguiente; ganaba un partido épico, y luego tenía que retirarme a mitad de la siguiente ronda.

Quizá mi problema no fuera físico, sino mental: practiqué meditación, luego yoga, con la intención de serenar mi mente. Mi entrenamiento se convirtió en una obsesión: lo único que hacía durante catorce horas al día, cada día de la semana, era mejorar mi juego mental y físico. Mientras tanto, me convertí en uno de los diez primeros jugadores de tenis del mundo.

Pero yo tenía un sueño, y no consistía en ser sólo uno de los mejores. Había dos hombres en el mundo que eran los mejores —Federer y Nadal— y para ellos yo no era más que una molestia ocasional, alguien que abandonaba el partido cuando las cosas se ponían difíciles. Estos hombres eran la élite; yo estaba en una segunda categoría.

Gané mi primer Grand Slam, el Abierto de Australia, en enero de 2008. Toda una hazaña. Pero al cabo de un año, mientras me enfrentaba a Andy Roddick, tuve que retirarme del torneo una vez más.

¿El campeón que defendía el título se retiraba? ¿Qué me estaba pasando? «Calambres, gripe aviar, ántrax, SARS, tos y un resfriado común», dijo Roddick acerca de mí, burlándose del hecho de que enfermaba a menudo. Incluso Federer, que es una persona tranquila y educada, me menospreció en una conferencia de prensa: «Creo que no es un jugador serio en lo que concierne a sus lesiones».

A finales de 2009 llegué incluso a trasladarme a Abu Dabi con la esperanza de que entrenando en el sofocante calor del golfo Pérsico estaría mejor preparado para el Abierto de Australia de Melbourne. Tal vez si me aclimataba a la temperatura ambiente podría por fin vencer a esa cosa.

Al principio parecía que, efectivamente, había encontrado la solución. El 27 de enero de 2010 llegué a los cuartos de final del Abierto de Australia, después de dominar a todos mis adversarios. Al otro lado de la red de mi partido de cuartos de final estaba Jo-Wilfried Tsonga, el jugador que ocupaba el puesto número diez del *ranking* mundial. Yo estaba clasificado en el tercero. Dos años antes le había derrotado en esa misma pista cuando gané mi primer torneo de Grand Slam a la edad de veintiún años. Y ese día tenía que ser igual de bueno. No, tenía que ser mejor.

Tsonga es un tenista de 90 kilos de puro músculo, uno de los jugadores más corpulentos y fuertes del circuito, y tiene un saque que alcanza los 200 kilómetros por hora. Cuando apoya todo el peso de su cuerpo en la devolución, la pelota llega «pesada» con una combinación de velocidad y golpe de efecto que parece como si fuera a arrebatarte la raqueta de la mano. Aun así, se mueve con gran rapidez por la pista. Ese día en concreto, ataviado con su camiseta de color amarillo neón, parecía tan enorme como el sol, e igual de implacable. Había ganado el primer set, 7-6, tras un agotador desempate en el que el público se levantaba continuamente de su asiento.

Pero en el segundo set, finalmente mi preparación obsesiva empezó a dominar. Me llevé ese set, 7-6, y luego empecé a controlarle, obligándole a correr de un lado a otro de la línea de fondo. La pista de individuales mide poco más de 8 metros de ancho, y yo recorría esa distancia mejor que nadie.

Gané fácilmente el set, 6-1. Ya lo tenía.

Pero luego volvió a ocurrir. Cuando Tsonga ganaba 1-0 en el cuarto set, esa fuerza invisible volvió al ataque. No podía respirar. Cuando él ganó el cuarto juego, algo empezó a ascender por mi garganta; le supliqué al juez de silla que nos concediera un descanso para ir al lavabo. No quería que mi adversario viera lo que estaba a punto de hacer.

Me marché corriendo a los vestuarios, entré en el lavabo y me arrodillé para apoyarme en el retrete. Notaba espasmos en el estómago, y tuve la sensación de que vomitaba toda mi fuerza.

Cuando regresé a la pista, era un jugador totalmente distinto.

Tsonga supo que mi cuerpo estaba débil, y como él tenía el saque pudo hacerme correr de un lado para otro de la pista como un muñeco. Noté que el público se ponía de su lado, y su saque parecía más rápido y pesado, aunque quizás era yo que estaba más lento y debilitado. Era como si estuviera jugando contra un gigante. En más de una ocasión, sus lanzamientos me dejaron plantado sobre la superficie azul de la pista de Plexicushion; era incapaz de moverme. Él se llevó el cuarto set, 6-3.

Al comienzo del quinto set, todo el mundo tenía claro cómo acabaría el partido. Con 0-40 al servicio, y Tsonga con 3-1, toqué fondo en mi carrera. Era un punto de rompimiento de servicio en todos los sentidos de la palabra.

Tenía que servir a la perfección, desestabilizarlo y recuperar el control. Si quería tener opciones de seguir luchando, necesitaba convertir ese saque en el mejor de los cientos de miles que había hecho a lo largo de mi vida.

Uno, dos rebotes. Lancé la pelota al aire. Traté de estirar toda la envergadura de mi torso, pero tenía el pecho agarrotado. Era como si estuviera blandiendo el martillo de Thor en vez de una raqueta de tenis.

Mi cuerpo estaba destrozado.

Falta.

Mi mente estaba confusa. Rebote, rebote. Saque.

Doble falta.

Juego para Tsonga.

Fue un final rápido y compasivo, como si se tratara de una ejecución. Después de darnos la mano en medio de la pista, él se dirigió al público de las gradas para saludarlos, estaba lleno de poder y energía. Yo estaba agotado. Diecisiete años de entrenos diarios, y no me quedaban fuerzas físicas ni mentales para medirme con el mejor en la pista.

Tenía la técnica, el talento y el impulso. Disponía de los recursos para probar cualquier clase de preparación mental y física conocida para el hombre, así como el acceso a los mejores médicos del mundo. Lo que realmente impedía mi pleno rendimiento era algo que jamás había imaginado. Mi entreno y preparación eran los correctos.

Pero me alimentaba fatal.

La dieta que cambió mi vida

Toqué fondo profesionalmente en esa doble falta del 27 de enero de 2010.

Pero para julio de 2011 —justo dieciocho meses después— era un hombre totalmente distinto. Había perdido 5 kilos de peso, me sentía más fuerte que nunca y tan sano como no lo había estado desde mi infancia. Alcancé mis dos objetivos vitales: ganar Wimbledon y ser el jugador de tenis número uno del *ranking* mundial. Mientras observaba un último y desesperado revés demasiado largo de Rafael Nadal, que me dio el trofeo de Wimbledon, volví a pensar en el niño de seis años que fui, alguien que venía de la nada y se esforzaba con toda su inocencia para conseguir un sueño imposible.

Caí desplomado al suelo. Alcé las manos al aire. Me agaché, arranqué una brizna de hierba de la pista de Wimbledon y me la comí.

Tenía un gusto parecido al sudor. Mi sudor. Pero nunca había probado nada tan dulce.

No fue un nuevo programa de entrenamientos lo que me llevó de ser un jugador muy bueno a convertirme en el mejor del mundo en sólo dieciocho meses. Tampoco fue una nueva raqueta, ni una nueva rutina de ejercicios, ni un nuevo entrenador, ni siquiera una nueva forma de servir lo que me permitió perder peso, hallar la concentración mental y disfrutar del mejor estado de salud de mi vida.

Fue una dieta nueva.

Mi vida había cambiado porque había empezado a comer los alimentos más adecuados para mi cuerpo y de la forma en que éste los exigía. En los tres primeros meses de mi nueva dieta, bajé de 82 a 78 kilos de peso. Mi familia y amigos empezaron a preocuparse por si adelgazaba demasiado. Pero me sentía más ligero y alerta, y mucho más lleno de energía que nunca. Era más rápido, más flexible, y podía devolver pelotas imposibles para otros jugadores. Estaba más fuerte que nunca, y mi concentración mental era inquebrantable. Ya no me cansaba ni me costaba respirar. Mis alergias fueron disminuyendo; mi asma desapareció; mis miedos y dudas quedaron reemplazados por la confianza. No he sufrido ningún resfriado ni ninguna gripe grave en los últimos tres años.

Algunos periodistas deportivos definieron mi temporada de 2011 como el mejor año de un jugador de tenis profesional de todos los tiempos. Gané diez títulos, tres Grand Slams, y cuarenta y tres partidos consecutivos. Lo único que cambié fue mi alimentación.

Lo más sorprendente de todo ello era la sencillez de estos cambios, y cuán espectaculares fueron los resultados. Lo único que hice fue dejar de ingerir gluten —la proteína que se halla en el trigo— durante varios días, y mi cuerpo empezó inmediatamente a sentirse mejor. Me volví más ligero, más rápido, más lúcido en mente y espíritu. Al cabo de dos semanas, supe que mi vida había cambiado. Hice otros retoques, como reducir el consumo de azúcar y de productos lácteos, y cuando me despertaba cada mañana sabía que era una persona completamente distinta a lo que había sido hasta entonces. Me levantaba de un salto con la energía necesaria para abordar el día. Me di cuenta de que tenía que compartir lo que había aprendido con otras personas.

No tienes que ser un atleta profesional para llevar a cabo los sencillos ajustes nutricionales descritos en este libro, y desde luego no tienes que ser un profesional del tenis para mejorar tu cuerpo, tu salud y tu perspectiva de la vida.

De hecho, lo que voy a compartir con vosotros no es una dieta en un sentido estricto de la palabra, porque ello implicaría que sólo podrías comer lo que yo dijera, y eso no tendría el menor sentido. La mayoría de programas dietéticos dan por sentado que el mismo plan funciona para todo el mundo y que «debes» ingerir ciertos alimentos, tanto si eres un tenista de veintisiete años de edad como si eres una madre de treinta y cinco años o un vicepresidente ejecutivo de cincuenta años. Es absurdo. Obligarse a comer ciertos alimentos no funciona. Tu cuerpo es una máquina completamente distinta de la mía. Fíjate en tus huellas dactilares: tus huellas son únicas en el mundo. Eso es una prueba de que tu cuerpo es distinto al de cualquier otra persona. No quiero que sigas la mejor dieta para mi cuerpo. Voy a mostrarte cómo descubrir la dieta idónea y única para ti.

Cambios sencillos, grandes resultados

Si haces ejercicio para mantenerte en forma, si controlas tu peso y mejoras tu nivel de energía, entonces ya lo sabes: cuesta mucho.

Yo soy buena muestra de ello. Durante toda mi carrera he jugado al tenis entre tres y cinco horas diarias. He competido en noventa y siete partidos de tenis profesional en un año y me he enfrentado a los mejores jugadores del mundo. En los días en que no tengo partido, practico en la pista de tenis más de tres horas, hago ejercicio en la sala de pesas durante noventa minutos, luego una sesión de yoga o taichi y, por último, si me da tiempo, corro, monto en bicicleta o remo en kayak. A pesar de este arduo entrenamiento, mi cuerpo era lento, se cansaba enseguida, y sufría un ligero sobrepeso. Lo que quiero decir es que si crees que haciendo ejercicio se resolverán tus problemas, mejor piénsatelo dos veces. Yo entrenaba como mínimo cinco horas al día, y nunca estaba del todo en forma. ¿Pesaba cinco kilos de más porque no me esforzaba lo suficiente a nivel físico?

No. Me sentía pesado, lento y cansado porque comía de la forma que lo hacemos muchas personas. Comía como un serbio (y un norteamericano): un montón de comida italiana como la pizza, la pasta y especialmente el pan, así como platos pesados de carne al menos un par de veces al día. Tomaba barritas de chocolate y otros alimentos azucarados durante los partidos, pensando que con ello incrementaría mi nivel de energía, y creía que mi entrenamiento bien compensaba cada galleta que comía. Pero no me daba cuenta de que ese tipo de alimentos provoca un fenómeno denominado «inflamación». Básicamente, tu cuerpo reacciona a los alimentos que no le gustan y te lo indica con una señal: rigidez, dolor en las articulaciones, retortijones de estómago. Los médicos han relacionado la inflamación con otras dolencias como el asma, la artritis, enfermedades coronarias y el Alzheimer.

Imagina que estás clavando un clavo en un tablón de madera, y sin querer te das un martillazo en el dedo pulgar. Duele, ¿verdad? Tu dedo se inflama, enrojece y se pone feo. Es lo que conocemos como «inflamación». Ahora imagínate que eso ocurre dentro de tu cuerpo, en un lugar que no puedes ver. Eso es lo que pasa cuando ingerimos alimentos que no sientan bien a nuestro organismo. Cuando me derrumbé en el Abierto de Australia, mi cuerpo me estaba diciendo que yo mismo me derrotaba desde mi interior.

Tuve que aprender a escucharlo.

Cuando lo hice, todo cambió. No me refiero sólo a mi carrera como tenista. Toda mi vida cambió. Podríamos definirlo como magia, porque fue mágico. Pero sólo consistió en ir probando distintos alimentos hasta encontrar los que me sentaban bien, y aplicar ese conocimiento a mi dieta diaria.

En resumen: tuve que descubrir los alimentos que me sentaban bien y los que no. No es tan difícil; el capítulo 4 de este libro te enseña a hacerlo. Cuando ya sabes qué alimentos te convienen, cuándo comerlos y cómo aprovechar al máximo sus beneficios, dispones de un modelo para rehacer tu cuerpo y tu vida.

Así es como funciona. Empiezas por eliminar el gluten de tu dieta durante dos semanas. (Se trata de un paso más sencillo de lo que parece, tal como veremos más adelante.) Después reduces el exceso de azúcar y productos lácteos de tu dieta durante dos semanas, y prestas atención a cómo te sientes (otra pista: te sientes genial).

Pero cambiar tu alimentación no es un fin en sí mismo. También aprenderás a cambiar el modo en que comes. Aprenderás a sincronizar tu ingesta de alimentos con las necesidades de tu organismo, dándole exactamente lo que quiere cuando te lo pida. Y aprenderás a combinar el tipo de dieta correcto con técnicas de control del estrés que mejorarán la función de tu cuerpo y mente. Te sentirás más relajado, más centrado y asumirás el control de tu vida.

De hecho, lo que verdaderamente me inspiró a escribir este libro es saber que puedo enseñarte a cambiar no sólo tu cuerpo, sino también toda tu experiencia de la vida en catorce días. Te despertarás por la mañana sin dificultad y lleno de energía, y notarás cambios en tu aspecto físico. No tardarás en escuchar a tu cuerpo, prestar atención a lo que necesita y entender lo que quiere evitar.

Pero debes tener en cuenta lo siguiente: tu cuerpo te enviará señales distintas a las mías. Todos somos distintos. Tenemos huellas dactilares diferentes, ¿lo recuerdas? Aunque lo más importante que podemos hacer es escuchar.

En ese día de enero de 2010, los comentaristas deportivos de tenis creían saber lo que me pasaba. «Su asma vuelve a hacer estragos», dijeron. Y sin embargo, mientras cometía esa doble falta en la pista, incapaz de respirar, no podía saber que lo que me ocurría era algo muy distinto.

Desde los trece años me había sentido pesado, especialmente por la noche. Me levantaba algo aturdido, y me costaba ponerme en marcha. Siempre estaba cansado. Me sentía hinchado, incluso cuando entrenaba tres veces al día.

Sufría alergias, y en los días húmedos o cuando las plantas estaban en flor me sentía peor. Pero lo que me pasaba no tenía ningún sentido. El asma se manifiesta cuando empiezas a calentar antes de un partido. No cuando llevas tres horas jugando. Y tampoco era un problema de no estar en forma. Trabajaba más que nadie en el circuito. Pero en los grandes partidos, cuando me enfrentaba a los mejores jugadores, rendía bien en los primeros sets, y luego me venía abajo.

Sin embargo, yo no era hipocondríaco, ni asmático, ni un atleta que se achicaba cuando los partidos se ponían difíciles. Era un hombre que se alimentaba mal. Y mi vida estaba a punto de cambiar. ¿Quién podía adivinar que el punto más bajo de mi carrera se convirtiera también en el más afortunado?

Por pura casualidad, un nutricionista de mi país, Serbia, el doctor Igor Cetojevic, estaba zapeando de canal en canal en su casa de Chipre cuando se fijó en mi partido del Abierto de Australia. No era un aficionado al tenis, pero a su esposa le gustaba este deporte, y propuso que lo vieran. Y fueron testigos de mi derrumbe.

El nutricionista supo que no era asma. Tenía que ser otra cosa. Por lo que pudo adivinar, el problema era alimentario. En concreto, se dio cuenta de que mis dificultades respiratorias eran el resultado de un desequilibrio en mi tracto digestivo que estaba provocando una acumulación de toxinas en mis intestinos. Lo que es una pasada de diagnóstico teniendo en cuenta que se hizo a más de 10.000 kilómetros de distancia.

El doctor Cetojevic y mi padre tenían amigos comunes —a fin de cuentas, Serbia es un país pequeño— y seis meses después de mi desafortunado encuentro en Australia, acordamos vernos durante una eliminatoria de la Copa Davis en Croacia. El doctor me contó que en su opinión la intolerancia a determinados alimentos no sólo provocaba mi debilidad física, sino que también incidía en mi estado mental. Me comentó que podía darme unas pautas para ayudarme a crear mi propia dieta; una dieta adecuada para mi cuerpo. Me preguntó cómo comía, cómo dormía, cómo vivía y cómo había crecido.

Al ser compatriotas, el doctor Cetojevic podía entender mejor que nadie cómo había pasado los primeros años de mi vida: lo que mi familia tuvo en su día, lo que habíamos perdido, y todas las dificultades que tuvimos que superar. ¿Un chico como yo, natural de Serbia, convertido en campeón de tenis? Era, como mínimo, muy poco probable.

Fue incluso más improbable cuando empezaron a caer las bombas.

EL SECRETO DE UN GANADOR

CAPÍTULO 1

Reveses y refugios antiaéreos

NO TODOS LOS CAMPEONES DE TENIS SE FORJAN
EN LOS CLUBES DE CAMPO DE LOS RICOS

U NA FUERTE EXPLOSIÓN hizo temblar mi cama, y el sonido de cristales rotos parecía llegar de todas partes. Abrí los ojos, pero eso no sirvió para cambiar mi perspectiva. El apartamento entero estaba envuelto en una espesa negrura.

Se produjo otra explosión, y luego, como si ellas también se hubieran despertado violentamente, oí el ulular de las sirenas y la ruidosa noche oscura se volvió ensordecedora con sus gritos.

Era como si estuviéramos viviendo dentro de una bola de nieve y alguien la hubiera agujereado de un pisotón.

—¡Nole! ¡Nole! —gritó mi padre llamándome por el apodo por el que mi familia me conocía desde la infancia—. ¡Tus hermanos! —Mi madre se levantó de la cama de un salto al oír la explosión, resbaló, cayó de espaldas y se dio un golpe en la cabeza con el radiador. Mi padre trataba de sostenerla mientras recobraba la conciencia. Pero ¿dónde estaban mis hermanos?

Marko tenía ocho años. Djordje tenía cuatro. Yo tenía once y era el mayor de los tres hijos, así que me sentía responsable de su seguridad desde que las fuerzas de la OTAN empezaron a bombardear mi ciudad natal de Belgrado.

El bombardeo llegó por sorpresa. Durante mi niñez, Serbia seguía estando gobernada por una dictadura comunista, y la población en general recibía muy poca información sobre lo que estaba pasando. Circulaban rumores de que la OTAN podía atacar, pero nadie lo sabía a ciencia cierta. Aunque el gobierno se preparó para un bombardeo, nosotros no sabíamos nada.

Aun así, se habían difundido rumores y, al igual que la mayoría de familias en Belgrado, teníamos un plan. A 300 metros de distancia, la familia de mi tía vivía en un edificio con un refugio antiaéreo. Si podíamos llegar hasta allí, estaríamos a salvo.

Oímos otro chirrido ensordecedor que sobrevolaba la zona, y una nueva explosión hizo tambalear nuestro edificio. Mi madre había recuperado la conciencia, y bajamos las escaleras a tientas hasta salir a las negras calles de Belgrado. La más completa oscuridad se cernía sobre la ciudad, y con el fuerte aullido de las sirenas antiaéreas, apenas podíamos ver ni oír. Mis padres avanzaban rápidamente con mis hermanos a cuestas, y yo les seguía hasta que no pude. Tropecé con algo y me caí.

Caí de bruces sobre la acera, y me hice rasguños en las manos y las rodillas. Mientras yacía sobre el frío cemento, de repente me sentí solo.

—¡Mamá, papá! —grité, pero no podían oírme. Vi cómo el contorno de sus cuerpos empequeñecía y se difuminaban hasta desaparecer en plena noche.

Y luego ocurrió. Oí un ruido a mis espaldas que parecía partir el cielo en dos, era como si una enorme máquina quitanieves estuviera partiendo el hielo de las nubes. Seguía tumbado en el suelo, me di media vuelta y me fijé en nuestra casa.

Por encima del tejado de nuestro edificio se acercaba el triángulo gris de acero inoxidable de un bombardeo F-117. Observé horrorizado cómo su enorme estómago de metal se abría justo por encima de mí y dejaba caer dos misiles guiados por láser. Su objetivo era mi familia, mis amigos, mi vecindario. Todo lo que había conocido.

Nunca olvidaré lo que ocurrió después. Incluso hoy en día me asusto al oír un sonido fuerte.

Un encuentro inusitado

Antes del bombardeo de la OTAN, mi infancia era mágica.

Todas las infancias tienen algo mágico, pero la mía parecía especialmente dichosa. Me sentí muy feliz el día en que vi a Pete Sampras ganar Wimbledon y decidí desde lo más hondo de mi corazón seguir su estela. Pero fui aún más afortunado cuando, ese mismo año, sucedió algo inesperado: el gobierno decidió construir una academia de tenis en la pequeña localidad turística montañosa de Kopaonik, justo al otro lado de la calle en la que mis padres regentaban la pizzería Red Bull.

Kopaonik era una localidad con pistas de esquí, y mi familia solía pasar los veranos allí para huir del calor sofocante de Belgrado. Mi familia siempre ha sido muy deportista —mi padre llegó a ser un esquiador muy hábil— y nos encantaba el fútbol. Pero esa superficie verde resultaba del todo desconocida.

Tal como he comentado anteriormente, no conocía a nadie que jugara al tenis. Ninguno de mis conocidos había visto un partido de tenis en vivo. No era un deporte que los serbios siguieran. Resultaba inaudito que fueran a construir pistas de tenis, y que además su emplazamiento fuera al otro lado de la calle donde pasaba mis veranos. Sin duda era obra de una potencia celestial.

Cuando empezaron las clases, yo me quedaba mirando con las manos sujetas a la valla metálica, observando a los alumnos jugar durante horas. Había algo en el ritmo y el orden de ese juego que me resultaba fascinante. Por último, después de varios días de verme merodear por la zona, una mujer se acercó a mí. Se llamaba Jelena Gencic, y era la entrenadora de la academia. Había sido jugadora de tenis profesional y en una ocasión había entrenado a Monica Seles.

—¿Sabes lo que es? ¿Te gustaría jugar? —me preguntó—. Ven mañana y veremos si te gusta.

Al día siguiente, me presenté con una bolsa de tenis. En su interior había todo lo que un profesional del deporte necesitaba: raqueta, botella de agua, toalla, una camiseta extra, muñequeras y pelotas. Todo ello perfectamente doblado en el interior de la bolsa.

—¿Quién te preparó la bolsa? —preguntó Jelena.

Me pareció un insulto.

—Yo lo hice —le contesté, haciendo acopio de todo mi orgullo de un niño de seis años.

Al cabo de unos días, Jelena empezó a llamarme su «niño de oro». Se lo contó a mis padres. «Se trata del mayor talento que he visto desde Monica Seles.» Y convirtió mi crecimiento personal en su misión.

Cada día, después de la escuela, hacía caso omiso de los otros niños y sus juegos para volver corriendo a casa y practicar. Cada día practicaba centenares de derechas, centenares de reveses, y centenares de saques, hasta que los movimientos básicos del tenis se convirtieron en algo tan natural para mí como el caminar. Mis padres nunca me forzaron; mi entrenadora nunca me regañó. Nadie tenía que obligarme a practicar cuando no quería. Siempre estaba dispuesto a practicar.

Pero Jelena no sólo me enseñó a jugar tenis. Se convirtió en una parte fundamental de mi familia en cuanto a mi formación intelectual. El mundo que nos rodeaba estaba cambiando, y el comunismo que conocimos desde pequeños se estaba viniendo abajo. Mis padres entendían que el futuro sería un lugar muy distinto, y que era importante que sus hijos se convirtieran en estudiantes del mundo. Jelena me animó a escuchar música clásica y a leer poesía —Pushkin era su autor predilecto— para calmar y enfocar mi mente. Mi familia insistió en que estudiara idiomas, así que aprendí inglés, alemán e italiano. Las lecciones de tenis y las lecciones de la vida se fundían en una sola, y lo único que quería era estar en la pista con Jelena y aprender más de este deporte, de mí mismo y del mundo. Me mantuve centrado todo el tiempo en mi sueño. Elegía distintas copas, cuencos o piezas de plástico como si fueran mi trofeo. Me colocaba delante del espejo y exclamaba: «¡Nole es el campeón! ¡Nole es el número uno!»

No me faltaba ambición, y tampoco andaba escaso de oportunidades. Según Jelena, no carecía de talento. Era un afortunado.

Y luego estalló la guerra.

De la magia a la masacre

Me quedé mirando cómo esos mísiles gemelos, engendrados del estómago de ese bombardero invisible, partían en dos el cielo y hacían pedazos un edificio que se encontraba a varias manzanas de distancia. Era un hospital. De pronto, estalló, y debido a su estructura horizontal adquirió la apariencia de un enorme bocadillo relleno de fuego.

Recuerdo el olor a polvo, arena y metal que se percibía en el aire, y el modo en que la ciudad entera resplandecía como una mandarina madura. Entonces pude ver a mis padres a lo lejos, corriendo agazapados. Me levanté del suelo y corrí calle abajo entre el fulgor de una luz brillante y rojiza. Llegamos donde vivía mi tía y nos resguardamos en el refugio de cemento. Dentro había otras personas del edificio, unas veinte familias en total. Todas ellas bajaron con sus posesiones más valiosas, mantas, alimentos, agua, ya que nadie sabía cuánto tiempo permaneceríamos en ese lugar. Había niños llorando. Me pasé toda la noche temblando.

Durante setenta y ocho noches seguidas, mi familia y yo nos escondimos en el refugio antiaéreo de mi tía. Cada día a las ocho de la tarde se oía una sirena que nos avisaba del peligro y todo el mundo abandonaba sus respectivos hogares. Nos pasábamos la noche entera oyendo las detonaciones, y cuando los aviones volaban bajo, se oía un ruido espantoso como si el cielo fuera a partirse en dos. Una sensación de impotencia dominaba nuestras vidas. No había nada que hacer, salvo sentarse, esperar y rezar. Por lo general, los ataques eran nocturnos, cuando la visibilidad era baja. Ése es el momento de mayor vulnerabilidad; no ves nada, pero sabes lo que se avecina. Esperas un buen rato, luego te quedas dormido, y por último ese horrible sonido te despierta.

Pero la guerra no me impidió seguir jugando al tenis. Durante el día, me encontraba con Jelena en alguna parte de Belgrado para practicar; se volcó en mí y trató de ayudarme a llevar una vida normal, incluso después de que su hermana quedó malherida cuando quedó sepultada bajo un muro. Nos dirigíamos a los emplazamientos de los ataques más recientes, pensando en que si habían bombardeado un lugar determinado el día anterior, probablemente no volverían a hacerlo de nuevo. Jugábamos sin red y sobre una superficie desigual de cemento. Mi amiga Ana Ivanovic tuvo que entrenarse incluso en una piscina abandonada. Y cuando nos atrevíamos, volvíamos a nuestro club de tenis local: Partizan.

Partizan estaba situado cerca de una academia militar. Evidentemente, cuando la OTAN nos atacó, su primer objetivo fueron las bases militares con el fin de debilitar el sistema defensivo del país. Así que Partizan no era el mejor sitio donde pasar el tiempo. Pero mi amor por el tenis siempre prevaleció, y a pesar de la amenaza real, me sentía seguro en la pista. Nuestro club de tenis se convirtió en una válvula de escape para mí y la mayoría de mis compañeros de juego. Practicábamos a diario entre cuatro y cinco horas; incluso disputábamos torneos no profesionales durante los bombardeos, y nos resultaba muy satisfactorio jugar al tenis en tiempos de guerra.

Aunque no sabíamos si sobreviviríamos a la guerra, mis padres hicieron todo lo posible para que nuestra vida se asemejara a la normalidad. Mi padre pedía prestado todo el dinero que podía para mantener el estilo de vida del que siempre habíamos gozado. La muerte nos rodeaba, pero él no quería que lo supiéramos, no quería que nos diéramos cuenta de lo pobres que éramos. Y mi madre era sumamente fuerte, siempre hallaba el modo de preparar platos y de dejarnos campar a nuestras anchas. A menudo sólo disponíamos de unas cuantas horas de electricidad al día, así que ella cocinaba lo más rápido posible para que nos diera tiempo de comer antes de quedarnos de nuevo sin luz, y de este modo se aseguraba de que al menos comiéramos sopa y bocadillos.

Era evidente que había un límite a lo que mis padres podían hacer para ocultar lo mucho que había cambiado la vida. Cada mañana había un nuevo cráter, un nuevo edificio quemado, una nueva montaña de escombros en donde antes se había erigido una casa, un vehículo o una vida. Celebramos mis doce años en Partizan. Mientras mis padres cantaban «cumpleaños feliz», sus voces apenas se escuchaban debido al rugido de los bombardeos que sobrevolaban la zona.

Nacimiento de fuego

Empezamos la guerra asustados. Pero en cierto momento durante los bombardeos algo cambió en mí, en mi familia y en mi pueblo. Decidimos dejar de tener miedo. Después de tanta muerte, tanta destrucción, sencillamente dejamos de escondernos. Cuando te das cuenta de que estás verdaderamente indefenso, una cierta sensación de libertad se apodera de ti. Pasará lo que tenga que pasar, y no hay nada que puedas hacer para detenerlo.

De hecho, mis compatriotas empezaron a reírse de lo ridículo de la situación. La OTAN estaba bombardeando los puentes sobre el Danubio, así que a veces se veía a gente congregada en los puentes con unas dianas pintadas en sus camisas, desafiando así a los bombardeos. Un amigo mío llegó incluso a teñirse el pelo para que pareciera el centro de una diana.

Estas experiencias se convirtieron en lecciones. Acepar tu propia indefensión es sumamente liberador. Cuando me encuentro muy nervioso, o hay una situación que no me satisface o me resulta frustrante, cuando siento que soy una persona consentida y que quiero más de lo que merezco, trato de centrarme y recordar mi adolescencia. Recuerdo cómo vivía esos años. Eso me ayuda a poner las cosas en perspectiva. Recuerdo lo que tiene auténtico valor para mí: la familia, la diversión, la alegría, la felicidad, el amor.

Amor.

Sin ninguna duda, el valor más importante de mi vida es el amor. Siempre es lo que busco y nunca lo doy por sentado, porque en un abrir y cerrar de ojos puede transformarse en otra cosa. Por muy lento y costoso que sea tu viaje hacia el estrellato, no importa los años que tardes en llegar allí: puedes perderlo todo en un instante. Tenemos un refrán en nuestro país: «Si algo no duele, pon una piedrecita dentro del zapato y empieza a caminar». Conviene no olvidarse nunca de ello, porque tienes que ser consciente de las dificultades a las que se enfrentan los demás. En última instancia, no fuimos creados en solitario en este planeta Tierra; se nos creó para aprender los unos de los otros dentro de la unidad y con el fin de hacer de este planeta un mundo mejor en el que vivir.

El hecho de haberme criado en tiempos de guerra me enseñó otra lección crucial: la importancia de mantener una mente abierta y no cansarse nunca de buscar nuevos caminos para hacer las cosas. Como pueblo, estuvimos controlados por un gobierno que nos ocultaba información. Las consecuencias de esa acción continúan hoy en día. Aunque nos hemos recuperado de la guerra, no nos hemos recuperado de la mentalidad del comunismo: la idea de que sólo hay un modo correcto de pensar, una forma de vivir, una única manera de comer. El tenis, así como mis estudios con Jelena, sirvieron para abrir mi mente, y prometí mantenerla abierta en todo momento. En la primavera de 2013, mientras competía en el Abierto de Francia, recibí la noticia de que Jelena había fallecido. Pero sus lecciones nunca me abandonaron.

Por eso en el año 2010, cuando un desconocido flacucho de pelo gris y bigote se acercó a mí con una historia disparatada sobre cómo me había visto por televisión y cómo creía que podría ayudarme, le presté atención. Gran parte de lo que el doctor Igor Cetojevic me dijo —acerca de la salud, la vida y, sobre todo, la alimentación— puede parecer verdaderamente increíble. Pero igual de sorprendentes e increíbles fueron los resultados.

CAPÍTULO 2

El dulce sabor de la victoria

UN SENCILLO CAMBIO EN MI FORMA DE COMER
ME PERMITIÓ ALCANZAR DOS SUEÑOS DE MI VIDA

O CURRIÓ EL 3 DE JULIO DE 2011, y el cielo que cubría el All England Club era tan descolorido como la tradicional vestimenta blanca de Wimbledon. Pero a pesar de que el cielo estaba encapotado, el pronóstico del tiempo no anunciaba lluvias. El techo retráctil permanecía abierto para disputar mi primera final de Wimbledon. Salí a la pista de césped con paso ligero, seguido de mi adversario, el campeón que defendía el título: Rafael Nadal.

Habían pasado dieciocho meses desde mi descalabro en Australia, y un año desde que el doctor Cetojevic me había presentado la idea de que la intolerancia a algunos alimentos pudo haber sido la causa. Y todos los aficionados al tenis sabían perfectamente que de repente, y de un modo casi inexplicable, me había convertido en un jugador distinto.

La Asociación de Tenistas Profesionales (ATP en sus siglas en inglés) calcula sus *rankings* según el rendimiento de un jugador en sus doce últimos meses. Luego concede un determinado número de puntos por haber superado las distintas etapas de un torneo, unos puntos que el jugador tiene que defender cuando se celebra ese mismo torneo al cabo de un año. Desde enero de 2011, yo había ganado cincuenta de los cincuenta y un partidos que había disputado, y mi éxito —incluida una racha de cuarenta y tres partidos seguidos sin ninguna derrota— había sido tan apabullante que el día anterior, antes de derrotar a Jo-Wilfried Tsonga en la previa a la final, me aseguré mi posición número uno en la clasificación. Mi victoria me convirtió en el primer tenista de los últimos siete años y medio que ocupaba esa posición y que no se llamaba Roger o Rafael. Después de un año de cambiar mi dieta, mi sueño se estaba convirtiendo en realidad.

Tal vez. Ahí estaba yo, el jugador número uno del *ranking* mundial que estaba teniendo una buena racha y que ya había derrotado a Nadal cuatro veces en el último año. Cuando salimos a la pista de Wimbledon, todo el mundo tenía claro quién era el favorito para ganar el torneo.

Era él.

En serio.

A pesar de mi posición en el *ranking*, Nadal —el campeón que defendía el título con una racha ganadora de veinte partidos ganados en el All England Club— seguía siendo el favorito. Y lo que era aún más importante, me había derrotado en todas las finales de Grand Slam que habíamos disputado.

Todos los expertos coincidían en esta valoración. Antes del partido, John McEnroe declaró que Nadal ganaría. Lo mismo dijeron Björn Borg, Pat Cash, Tim Henman, y casi todos los nombres conocidos del tenis profesional. Según las estadísticas, yo era el jugador número uno, pero todos se acordaban de ese crío consentido de Serbia que se hundía en los grandes torneos cuando los partidos se ponían difíciles. Y las cosas se ponen realmente difíciles cuando Rafa está al otro lado de la red.

Nunca me vería a mí mismo como el jugador número uno del *ranking* mundial hasta que ganara Wimbledon.

Una apuesta ganadora

Nadal es el jugador más fuerte del circuito, así como el más meticuloso. Es una madeja de tics nerviosos y rituales supersticiosos. De hecho, le puse un poco nervioso hace unos años cuando le imité delante del público del Abierto de Estados Unidos: antes de sacar, tiene que subirse los calcetines de manera que estén igualados. Luego se ajusta la parte trasera de los pantalones, y después hace botar la pelota hasta veinte, treinta o incluso cincuenta veces. Sólo tuve que agarrar la parte trasera de mis pantalones para que todo el estadio supiera a quién imitaba. Nadal también evita tocar las líneas de la pista de tenis hasta que la pelota está en juego, y siempre atraviesa las líneas con el pie derecho y luego el izquierdo.

Pero mientras él se tranquiliza con estos rituales, sus adversarios se distraen, y eso es algo que no quieres cuando te enfrentas a un jugador como él.

Una de las razones es su derecha. El punto fuerte natural de la mayoría de jugadores de tenis es la derecha cruzada. Y logran imprimir al golpe la mayor potencia con un *swing* más amplio que el normal. Nadal golpea esa derecha con más fuerza que nadie; su velocidad se calcula en 150 kilómetros por hora.

Pero eso no es tan siquiera lo peor. Nadal es zurdo, lo cual complica la ecuación. Cuando se enfrentan dos jugadores diestros, sus derechas cruzadas van dirigidas a la derecha de su adversario. Como Nadal es zurdo, envía sus demoledoras derechas a 150 kilómetros por hora al revés de su oponente. Eso significa que envía su disparo más potente al punto débil de la mayoría de jugadores.

Mientras la moneda decidía quién empezaba el partido sirviendo, yo me puse muy nervioso y Rafa no paraba de moverse de un lado para otro como un boxeador. Forma parte de su rutina religiosa. Quizás era su rutina de precalentamiento, o se debía a su naturaleza supersticiosa, o tal vez trataba de intimidarme con la elasticidad de sus pectorales. Si yo tuviera esos pectorales, también iría dando saltos y rebotes todo el tiempo.

Mi objetivo con Rafa era evitar los errores no forzados, y mantener la pelota constantemente en movimiento; en el pasado había sido yo el que había cometido los errores. Pero esta vez tenía previsto jugar de un modo agresivo y no dar a Nadal ninguna opción que le permitiera dictar el ritmo de juego. Lo normal es que un jugador corpulento como Nadal haga retroceder a su adversario; la pelota llega a tanta velocidad que el jugador medio recula para darse unas décimas de segundo adicionales y reaccionar. Pero mi estrategia era totalmente distinta: me coloqué justo detrás de la línea de fondo para reducir el tiempo de reacción de ambos. Confiaba en que mi velocidad y agilidad me permitirían cazar los mejores golpes de Nadal, y en que si daba velocidad al juego podría evitar que él dictara el ritmo. Si era capaz de contener la energía de sus disparos, se los devolvería a la misma velocidad, de este modo utilizaba la fuerza de Nadal contra él.

Era una apuesta arriesgada, especialmente contra esa derecha. Aunque Nadal tenía una ventaja física indiscutible, yo me había convertido en un jugador extremadamente flexible. Muy pocos jugadores, incluso en el tenis de élite, podían estirar sus cuerpos como yo lo hacía. Además, el césped de Wimbledon me daba cierta ventaja comparativa en ese sentido. Uno de los rasgos que me caracterizaba era mi capacidad para moverme de un lado para otro de la pista. Me deslizaba literalmente de un costado a otro y podía agacharme mucho para restar. Esa flexibilidad me permitía cubrir una zona mayor de la pista que un jugador medio. No tenía que acercarme demasiado a la pelota, como hacían otros jugadores, y podía restar con fuerza por mucho que tuviera que estirar mi cuerpo.

Necesitaba cada milímetro de estiramiento para ganar.

El arte de la disciplina

¿Qué se necesita para convertirse en el jugador número uno del mundo?

Cada mañana, al levantarme, bebo un vaso de agua y empiezo mis ejercicios de estiramientos. A veces los combino con rutinas de yoga o taichi durante veinte minutos. Tomo un desayuno perfectamente calibrado para alimentar mi cuerpo y prepararlo para el resto de la jornada: casi cada día de mi vida he desayunado lo mismo. Hacia las 8.30 de la mañana me reúno con mi entrenador y fisioterapeuta, que me acompañan en todo momento hasta la hora de acostarme. Se fijan en todo lo que como y bebo, así como en todos mis movimientos. Están conmigo cada día, todo el año, tanto si es el mes de mayo en París o es agosto en Nueva York o enero en Australia.

Boleo con mi compañero de prácticas durante una hora y media cada mañana, y me rehidrato con agua caliente. Bebo sorbos de una bebida deportiva diseñada especialmente por mi preparador, que contiene una mezcla dosificada de vitaminas, minerales y electrólitos según mis necesidades diarias. Hago más ejercicios de estiramientos, recibo un masaje deportivo, y almuerzo, evitando el azúcar y las proteínas e ingiriendo sólo los carbohidratos que se amoldan a mi dieta sin gluten y sin productos lácteos.

Luego es el momento de hacer ejercicio. Dedico una media hora a levantar pesas y hacer ejercicios con bandas de resistencia. Hago una serie de repeticiones intensas con pesas ligeras para cada uno de los distintos movimientos que debo hacer, lo cual suma unos veinte ejercicios distintos. A media tarde tomo una bebida proteínica elaborada por mi fisioterapeuta que contiene proteínas extraídas de guisantes. Vuelvo a hacer estiramientos, y entonces llega el momento de empezar otro entrenamiento, otros noventa minutos de bolear en busca de cualquier pequeño fallo o desviación en mis saques y devoluciones. Después me dedico a una cuarta ronda de estiramientos y tal vez reciba otro masaje.

Llegados a este punto, puedo afirmar que me he estado entrenando durante casi ocho horas seguidas, y es entonces cuando me queda algo de tiempo para ocuparme de los aspectos comerciales de mi carrera. A menudo ello implica dar una conferencia de prensa o asistir a un breve acto benéfico. Luego ceno —contenido alto en proteínas, una ensalada, ningún carbohidrato ni postre—. Después puedo dedicar una hora a la lectura, por lo general libros sobre rendimiento o meditación consciente, o bien escribo en mi diario. Y por último me voy a dormir.

Esto es lo que hago en mis «días libres».

A diferencia de la mayoría de deportes, en el tenis no hay meses fuera de temporada. Durante once meses al año tengo que estar preparado para enfrentarme a los mejores jugadores del mundo. Tal vez los mejores de todos los tiempos.[1] Para estar seguros de que mi dieta es la más óptima, hacemos una analítica completa al menos una vez cada seis meses para comprobar mis niveles de vitaminas y minerales y ver si mi cuerpo produce niveles elevados de anticuerpos, lo cual indicaría que está desarrollando una sensibilidad a ciertos alimentos. A veces empleo máquinas de *biofeedback* para comprobar mi nivel de estrés. Viajo a todas partes con mi equipo: mi mánager, Edoardi Artaldi, que se asegura de que cumpla todos mis compromisos y siga cuerdo; mi fisioterapeuta, Miljan Amanovic, que controla mi bienestar físico; mi entrenador,

---

1. En el año 2012, ESPN le preguntó a Ivan Lendl —el jugador de tenis número uno del mundo durante gran parte de la década de 1980— si podría enfrentarse a los jugadores de hoy en día. Respondió medio en broma que «me darían una patada en el trasero a la primera de cambio», pero lo cierto es que el nivel de precisión, habilidad y preparación física que se requiere hoy en día para jugar en la élite del tenis es completamente distinto a lo que era hace incluso quince años. El tenis ha evolucionado más rápido que cualquier otro deporte.

Marian Vajda, y su asistente, Dusan Vemic, que se aseguran de que mi técnica nunca cambie; y mi novia, Jelena Ristic, que cocina conmigo, se entrena conmigo, y me mantiene por el buen camino. La mayor parte de mi círculo interno es serbio; todos ellos comparten el mismo terrible pasado de la guerra, y entienden lo que me costó llegar a este punto de la vida, y cuán imposible parecía en su día.

Cuando empieza un torneo, a veces tengo que jugar hasta veinte horas de tenis a lo largo de dos semanas, y hacerlo al máximo nivel. Ese torneo puede disputarse en Melbourne, Miami o Montecarlo, en California, Croacia o China, y tal vez sólo disponga de unos cuantos días entre medio para viajar de un lado a otro del planeta. Cada momento del día está dedicado a conservar esa posición número uno. Sólo cabe la disciplina; no queda espacio para nada más.

¿Cuánta disciplina? En enero de 2012, vencí a Nadal en la final del Abierto de Australia. El partido duró cinco horas y cincuenta y tres minutos. Fue el partido más largo de la historia del Abierto de Australia, y la final de individuales más larga en un Grand Slam de la era de los Abiertos. Muchos comentaristas han clasificado ese partido como el mejor partido de tenis de todos los tiempos.

Después de mi victoria, me quedé un rato sentado en los vestuarios de Melbourne. Quería hacer algo: probar un bocado de chocolate. No lo había probado desde verano de 2010. Miljan me trajo una barrita. Rompí un trocito muy pequeño, realmente pequeño, y me lo llevé a la boca. Dejé que se derritiera sobre la lengua. Eso fue lo único que me permití.

Eso es lo que se necesita para llegar a ser el número uno.

Levantar la copa

Para ganar el trofeo de Wimbledon de 2011, necesité mucho más que disciplina. Necesité cada pizca de entrenamiento y habilidad que había acumulado a lo largo de las últimas dos décadas. Era un manojo de nervios, y mi equipo también lo era. Marian necesitó salir a correr durante cuarenta y cinco minutos antes del encuentro para disipar parte de su nerviosismo.

Yo empecé el partido con el saque. Con cada punto que ganaba, mi equipo se levantaba y me vitoreaba —mi familia estaba con ellos, y Marko y Djordje en concreto no podían permanecer sentados—. Pero con cada punto de Nadal, su equipo permanecía tranquilo y quieto como si fueran los jueces de un tribunal. Yo era el número uno, pero para ellos seguía siendo un advenedizo.

Ya en el primer juego, Nadal me hizo saber que su derecha seguía tan potente como de costumbre, y lanzó dos balas idénticas a las líneas poniéndose en ventaja 15-30. Toda una advertencia: tenía que procurar moverlo de un costado a otro para que no volviera a atosigarme con un ángulo imposible para mí. Hacia mediados del primer set, cuando yo ganaba 4-3, resultaba evidente que mi estrategia de permanecer cerca de la línea de fondo estaba dando resultados; devolvía las derechas criminales de Nadal con tanta rapidez que le cogía con el pie cambiado. Nadal no estaba acostumbrado a enfrentarse a jugadores que pudieran oponer tanta resistencia en partidos largos, pero yo aguanté bien el tipo y gané el primer set con 6-4.

Entonces me di cuenta de la confusión de Rafa. La pelota volaba tan rápido como un rayo, pero yo le devolvía las bolas que él daba por ganadas. Cuando iba ganando 2-0 en el segundo set, pude sentir cómo el público del estadio empezaba a respaldarme. Muchas de esas personas habían afirmado que mi clasificación en el puesto número uno era una anomalía estadística. Aquí, en el mayor escenario del tenis, pude darme cuenta de que el mundo entero estaba tomando conciencia de que por fin había llegado. Gané el segundo set sin dificultades, 6-1.

Es muy poco común para un jugador de individuales a este nivel que remonte dos sets en contra, pero Nadal lo había hecho antes en dos ocasiones en Wimbledon. Y ahí estaba la gran pregunta: ¿Nole volvería a sucumbir? ¿Su asma volvería a hacer aparición, descendería su fuerza física, perdería su concentración? El servicio de Nadal, que hasta entonces no me había dado problemas, pareció de repente volar a una velocidad aún mayor, y su derecha ganó precisión. Con el marcador 1-4 al saque cometí una doble falta, y Nadal se llevó el juego y le tocaba servir. Ahora que había recuperado el control, sólo le costó cuatro saques para terminar el set con 6-1. Noté que la lealtad del público volvía a Nadal. Habían animado al advenedizo, pero Nadal les demostraría quién era el verdadero campeón.

En el cuarto set, los vientos seguían siendo favorables para Rafa. Fui incapaz de marcar un punto en el primer juego, y no tardé en perder ventaja con dos juegos a cero. Ahora Nadal me obligaba a correr de un lado a otro de la pista, pero yo seguía devolviéndole sus bolas, deslizándome de un extremo a otro como si estuviera patinando. Gané el tercer juego, y eso le hizo perder impulso. Luego gané el siguiente juego, con una ventaja de 4-3, y empecé a vislumbrar lo que podía estar a punto de ocurrir. Gané el siguiente juego, y de repente, con 5-3, me di cuenta de que mi saque me daría el campeonato de Wimbledon.

Lo había conseguido. Todo por lo que había trabajado estaba al alcance de mi mano, pero Nadal no me lo pondría fácil. Se puso en ventaja y luego, con 15 iguales, emprendimos un encarnizado intercambio de golpes. El público enloquecía al ver que ambos jugábamos al límite de nuestras fuerzas hasta que Rafa falló una derecha que fue a parar a la red. Pero luego volvimos a estar 30 iguales gracias a otra brutal derecha suya.

Podríamos haber continuado de este modo durante un buen rato, pero había algo en mi interior que me decía que tenía que romper su juego desde la línea de fondo, enviarle un mensaje a Rafa de que estaba a punto de suceder lo inevitable. Saqué, luego lo sorprendí con una llegada a la red —¡saque y volea!— y entonces le devolví su golpe en diagonal para llevarme el punto. No se lo esperaba.

Tampoco se esperaba que el punto de torneo fuera para Djokovic. Serví e intercambiamos varias devoluciones. Luego ocurrió: Nadal llegó a una bola en la línea y se sacó un golpe de revés. Y antes de que la pelota saliera disparada de su raqueta, supe que la bola sería larga.

Caí de espaldas sobre el césped, y cuando mi cuerpo rozó el suelo, sentí como si volviera a tener seis años de edad. Pero esta vez el trofeo no era de plástico, esta vez era de verdad.

En cuestión de veinticuatro horas, los dos sueños de mi

vida se habían convertido en realidad: ganar Wimbledon y ser nombrado jugador número uno del *ranking* mundial.

No estuvo mal. Pero no podría haberlo conseguido si no hubiera descubierto el modo de comer mejor.

CAPÍTULO 3

Cómo abrir mi mente cambió mi cuerpo

ALCANZA UN NUEVO NIVEL DE ÉXITO DESECHANDO
LA FORMA «CORRECTA» DE HACER LAS COSAS

«SE TRATA DE UNA PRUEBA que nos ayudará a determinar si tu cuerpo reacciona a ciertos alimentos», me explicó el doctor Cetojevic.

No estábamos en un hospital ni en un laboratorio ni en la consulta de un médico. No me estaba haciendo un análisis de sangre. No había ningún escáner ni aparatos médicos aterradores. Era julio de 2010 y estábamos en un torneo celebrado en Croacia. El doctor Cetojevic me explicaba que creía saber por qué me había venido abajo tantas veces en el pasado, y el modo en que podía cambiar mi dieta, mi cuerpo y mi vida para mejor. Entonces hizo algo muy extraño.

Me indicó que colocara mi mano izquierda sobre el estómago y que extendiera mi brazo derecho.

«Quiero que te resistas a la presión —me dijo mientras empujaba mi brazo derecho hacia abajo. Al cabo de un momento, se detuvo—. Así es como debería sentirse tu cuerpo», aclaró.

Luego me dio una rebanada de pan. ¿Tenía que comérmela?

«No —se echó a reír—. Sostenla contra tu estómago, y extiende de nuevo tu brazo derecho.»

Empujó una vez más mi brazo derecho mientras me explicaba que esta prueba tan básica me indicaría si era sensible al gluten, la proteína que se encuentra en el trigo, la cebada, el centeno y otros cereales de uso común.

Me parecía una prueba de locos.

Pero lo cierto es que noté una diferencia sustancial. Cuando coloqué el pan sobre mi estómago, mi brazo se esforzaba por resistir la presión que Cetojevic ejercía hacia abajo. Mi posición era considerablemente más débil.[2]

«Ésta es una señal de que tu cuerpo está rechazando el trigo del pan», me explicó. Nunca había oído hablar de la «intolerancia al gluten», pero acababa de recibir los primeros indicios del papel tan importante que había desempeñado la alimentación en mi vida, y de cómo la dieta tradicional fundamentada en el trigo me estaba debilitando. También me mostraba mi capacidad para cambiarla.

(Por cierto: he descubierto que esta prueba es estupenda para jugar en las fiestas: elige a una persona para que haga exactamente lo que hice yo —alargar el brazo derecho, mano izquierda sobre el estómago— para poner a prueba su fortaleza. Luego di a esa persona que sostenga un teléfono móvil so-

---

2. Esta prueba se denomina «prueba kinesiológica del brazo», y los médicos naturistas la utilizan desde hace tiempo como herramienta de diagnóstico. Para más información, véase el libro *Power Versus Force: The Hidden Determinants of Human Behavior*, del doctor David R. Hawkins.

bre su estómago, y vuelve a hacer la prueba. La radiación del teléfono móvil provoca que el cuerpo reaccione negativamente y debilita la resistencia del brazo, justo del mismo modo que haría una intolerancia a un alimento. Se trata de toda una revelación, y la próxima vez te lo pensarás dos veces antes de llevar tu móvil en el bolsillo de los pantalones.)

Después el doctor Cetojevic me explicó que había otras formas más científicas y precisas de poner a prueba mi sensibilidad a ciertos alimentos. La prueba mejor y más precisa es el test ELISA, acrónimo en inglés de «*enzyme-linked immunosorbent assay*» (ensayo por inmunoabsorción ligado a enzimas). Se trata de un análisis de sangre rutinario que se utiliza para todo, desde pruebas para detectar drogas o alergias alimentarias hasta el diagnóstico de la malaria y el VIH (para más información, véase el capítulo siguiente).

El test ELISA puede proporcionarnos información muy específica sobre la sensibilidad del cuerpo a ciertos alimentos. Las alergias más comunes son al gluten, los productos lácteos, los huevos, el cerdo, la soja y los frutos secos. Algunas personas tienen alergias poco comunes, o combinaciones de alergias; por ejemplo, mi entrenador, Miljan Amanovic, dio positivo en alergia a la piña y la clara de huevo. Pero cuando ya sabes a qué eres alérgico, puedes efectuar cambios espectaculares sin hacer prácticamente ningún esfuerzo (cuando Miljan dejó de comer estos dos alimentos, perdió 5 kilos de peso en unas cuantas semanas).

Los resultados de mis análisis de sangre fueron sorprendentes: tenía una fuerte intolerancia al gluten y a los productos lácteos, así como una ligera sensibilidad a los tomates.

—Si quieres que tu cuerpo responda de la forma que deseas, tendrás que dejar de comer pan —sentenció Cetojevic—. Deja de comer queso. Reduce el consumo de tomates.

—Pero, doctor —respondí—, ¡mis padres regentan una pizzería!

Dejar el pan

He aprendido mucho sobre nutrición y el cuerpo humano en los últimos tres años, pero mi afán de información ha ido mucho más lejos. Durante toda mi vida siempre me ha atraído el conocimiento, pero no sólo en relación con todo lo que respecta al tenis, sino también con el funcionamiento del cuerpo y la mente.

Esto quizá se debe en parte a que ese conocimiento me fue vedado durante mucho tiempo.

Nací el 22 de mayo de 1987 en un antiguo país comunista que ya no existe: Yugoslavia. Cuando vives bajo un régimen comunista durante generaciones, como era el caso de mi familia, aprendes a aceptar que sólo hay una forma de hacer las cosas. El gobierno y la sociedad en la que vives te prescriben el modo de vestir, un único culto, una forma de practicar ejercicio, y una única mentalidad. Y desde luego, una sola forma de comer.

Durante mi infancia en Serbia —recuperamos el nombre de mi país tras la desintegración de Yugoslavia— comíamos al estilo tradicional. La comida serbia es muy pesada: muchos productos lácteos, mucha carne y, especialmente, mucho pan. El pan es una parte importante de la tradición serbia, desde el *cesnica* (un pan dulce), que es costumbre partir en Navidad, hasta los desayunos a base de platos como el *kifli* (un tipo de cruasán) y *pogacice* (una pasta dulce). En tiempos de guerra, el pan supone la vida; muchos de nosotros era lo único que teníamos para comer. Sé lo que es vivir en una familia de cinco miembros con sólo diez euros para alimentarnos; compras aceite, azúcar, harina —lo más barato— y preparas pan. Un kilo de pan puede durar hasta tres o cuatro días. Aunque mi familia nunca pasó hambre, durante muchos largos meses vivimos con una o dos horas de electricidad y agua potable al día. El pan era nuestro sustento.

Pero incluso en los buenos tiempos, el pan siempre nos acompaña. Debido a la proximidad de Serbia con Italia, la cocina italiana ejerce una poderosa influencia en nuestro país. Cuando no comíamos pan, comíamos pasta y, especialmente en el caso de mi familia, pizza. La Pizzería Djokovic fue nuestra principal fuente de ingresos durante la mayor parte de mi infancia y, por supuesto, fue mi base de operaciones cuando empecé a entrenar en la pista de tenis que había al otro lado de la calle. Así es como empezó el viaje de mi vida.

En definitiva, es posible que te encante el trigo, el centeno, y otros cereales que componen nuestros panes, pastas y dulces. Pero lo cierto es que a nadie le gustaban tanto como a mí.

Es muy posible que, como llegué a consumir tanto pan y productos lácteos durante mi infancia y juventud, mi cuerpo fuera desarrollando cierta intolerancia a estos alimentos. Cuando somos jóvenes, nuestros cuerpos pueden superar muchos escollos. Eso es algo positivo, pero también es un gran inconveniente. Cuando eres joven y fuerte, puedes combatir

cualquier intolerancia a un alimento o sobrellevar una situación de estrés sin caer necesariamente enfermo o sentirte
agotado. Pero a medida que nos hacemos mayores y seguimos
con nuestra forma acostumbrada de comer y vivir, empezamos
a notar molestias. Es entonces cuando cambiar de dieta se
convierte en una necesidad. Los cambios no son difíciles. Y los
beneficios son asombrosos.

Comida nueva, vida nueva

El regalo más preciado que me ha dado el tenis no es la fama
y la fortuna, ni la oportunidad de ganarme la vida haciendo lo
que más me gusta, ni siquiera lo es la oportunidad de inspirar
a otras personas, especialmente a mis compatriotas serbios.
El regalo más preciado que me ha dado el tenis ha sido tener
la oportunidad de viajar. Me ha permitido abrir mi mente a
otras culturas.

Tal como ya he apuntado, vivir bajo un régimen comunista no te enseña a abrir tu mente. Existe una razón para ello: si
no eres abierto de miras, entonces pueden manipularte con
facilidad. Las personas que ocupan posiciones privilegiadas
están muy interesadas en asegurarse de que no cuestiones lo
que se te inculca. Tanto si se trata de un gobierno comunista
como de los mandamases de las industrias alimentarias y farmacéuticas, quienes detentan el poder entienden que muchos
sucumbimos al miedo.

No es necesario vivir bajo un régimen dictatorial para ser
manipulado por el miedo. Ocurre hoy en día en cualquier
país del mundo. Nos asusta no tener suficiente comida, dine-

ro o seguridad. Trabajamos incansablemente y llenamos nuestros cuerpos con comida rápida y alimentos procesados porque tenemos miedo de reducir nuestro ritmo. Entonces nuestros cuerpos se rebelan. Vamos al médico porque sufrimos problemas de estómago, dolores de cabeza o de espalda. Queremos una cura. Nos administran pastillas para curar los síntomas, pero eso sólo sirve para esconder los problemas bajo la alfombra.

Así era como vivía yo. Tuve que volver a aprender a comer, pero también a pensar de forma distinta sobre la comida.

Cuando era muy joven, no me enseñaron el modo en que otras culturas consideran la alimentación. No sabía nada del *sushi*, de la cocina china, ni del modo oriental de planificar las comidas; aspectos que hoy en día tienen una importancia crucial en mi dieta. Hay muchos aspectos de la cultura serbia que son maravillosos, pero los años de gobierno comunista nos han dejado un vacío de conocimiento. Lo que aprendí en mis años de viajes y estudios, de investigación y aceptación, es que existen diferencias entre culturas y que puedes quedarte con las mejores ideas de cada cultura y aplicarlas a tu vida.

Por ejemplo, uno de los aspectos de la medicina china que me ha servido de guía es la idea del reloj corporal: el concepto de que nuestros cuerpos siguen un ritmo diario, y que cada órgano del cuerpo tiene su propio ritmo de autocuración. Según la tradición china, cada órgano de nuestro cuerpo se autorrepara siguiendo aproximadamente este orden:

Pulmones: 03.00-05.00. Algunos creen que la razón por la que muchos nos levantamos tosiendo, aunque cuidemos bien de nuestros cuerpos y no seamos fumadores, es que mientras dormimos nuestros pulmones han limpiado cualquier residuo. Una dieta insuficiente dificulta el trabajo de los pulmones.

Intestino grueso: 05.00-07.00. Es muy importante beber agua cuando te despiertas, puesto que ésta es la hora del día en la que el intestino grueso expulsa las toxinas de tu cuerpo. El agua favorece este proceso.

Estómago: 07.00-09.00. Es el momento idóneo para desayunar, ya que tu estómago trabaja a pleno rendimiento.

Bazo: 09.00-11.00.

Corazón: 11.00-13.00.

Intestino delgado: 13.00-15.00. Si has expuesto tu cuerpo a alimentos inadecuados, éste es el momento del día en que tu organismo puede enviarte poderosas señales. Si percibes indicios de indigestión, dolor o hinchazón a primera hora de la tarde, es evidente que tu cuerpo está reaccionando a alguno de los alimentos que has ingerido, y por tanto deberías reconsiderar tu dieta.

Riñones y vejiga: 15.00-19.00. Comúnmente se cree que sentirse cansado o lento durante estas horas de la tarde es un indicio evidente de que has comido un exceso de alimentos a los que tu cuerpo reacciona. Se supone que a media tarde debes sentirte energético, no con ganas de dormir.

Páncreas: 19.00-21.00. El páncreas controla la insulina, que procesa el azúcar en la sangre. Una dieta insuficiente puede provocar que tu cuerpo desee alimentos dulces, especialmente durante estas horas de la tarde.

Vasos sanguíneos y arterias: 21.00-23.00.

Hígado y vesícula: 23.00-03.00. Tener dificultades para conciliar el sueño puede ser otro indicio de una intolerancia alimentaria. Si te cuesta conciliar el sueño en este período de tiempo, es posible que se deba a que tu hígado está trabajando demasiado para expulsar las toxinas del organismo.

El concepto mismo de que nuestros órganos siguen una especie de horario estricto parece absurdo, igual de imposible que la idea de poner a prueba a un alimento colocándolo sobre tu estómago. Pero lo más importante no es si crees o no en estos enfoques concretos. Lo importante es tener una mente abierta. Tal como dije al principio de este libro, no me dedico a prescribir recetas; no soy médico ni nutricionista. Sólo puedo recomendar que abras tu mente y des una oportunidad a estas ideas, y que aprendas a interpretar las señales que te envía tu cuerpo. Retrocede unos instantes y analiza desde esa distancia lo que ocurre en tu organismo. Sé objetivo. Sólo tú sabes los alimentos que te convienen; sólo tú puedes interpretar lo que tu cuerpo está intentando decirte.

Catorce días que cambiarán tu vida

A la edad de seis años decidí que quería ser el número uno del mundo, y, por obra de un milagro, mi primera entrenadora, Jelena Gencic, me tomó en serio. Ella también creía que ser el mejor implicaba estudiar mucho más que tenis. Escuchar música clásica, leer poesía, reflexionar sobre la condición humana

—todo ello— era parte de mis primeros años de formación, tanto en casa con mis padres como en la pista de tenis con Jelena. Ella no sólo abrió mi mente, sino que me proporcionó las herramientas para que no se cerrara. En gran parte fue gracias a ella que pude seguir explorando en mi juventud toda clase de experiencias que se cruzaban en mi camino, desde el taichi al yoga, y que busqué siempre cosas nuevas. Quería ser el mejor, y no quería dejar ninguna posibilidad por explorar.

Cuando el doctor Cetojevic acudió a mí con teorías que a muchos les parecerían disparatadas, yo estaba dispuesto a escuchar. En ese extraño y asombroso momento en el que mi brazo luchaba contra la presión que él ejercía, me di cuenta de que el pan que sostenía en mi estómago era como kriptonita. Estaba preparado para llevar a cabo ciertos cambios.

Pero la idea de abandonar el pan y otros alimentos con gluten —alimentos que me gustaban mucho y que además tenían un gran significado en mi vida, mi familia y mi cultura— resultaba aterradora. Entonces el doctor Cetojevic me explicó que no era necesario abandonar el pan para siempre. Tal como dice el refrán, la eternidad es mucho tiempo.

«Dos semanas —me indicó—. Lo dejas durante catorce días, y luego me llamas.»

Al principio fue muy difícil. Deseaba el tacto suave, pastoso y reconfortante del pan. Tenía antojo de masa crujiente de pizza, de pasteles, y de todos los alimentos que sabía que contenían trigo, alimentos de los que nunca llegué a sospechar que pudieran ser nocivos para mí. (Encontrarás un listado de fuentes poco sospechosas de contener trigo en las páginas 81-83.) Durante la primera semana deseaba poder comer esos alimentos, pero me impuse mantener la disciplina, y, por fortuna, mi familia y mis amigos —aunque creían que estaba loco— me apoyaron en el experimento. Sin embargo, a medida que iban pasando los días me sentía mejor. Me sentía más ligero, más energético. La rigidez nocturna con la que había convivido durante quince años empezó a disiparse. Hacia finales de la primera semana ya no deseaba comer pasteles ni galletas ni pan; fue como si un deseo sobrecogedor se hubiera disipado de repente. Durante los días de la segunda semana, me despertaba como si acabara de dormir la mejor noche de mi vida. Estaba empezando a creer.

Entonces fue cuando el doctor Cetojevic me propuso comer un panecillo.

Ésa era la prueba definitiva, explicó. Retira un alimento de tu dieta durante quince días, y fíjate en lo que ocurre. Y cuál fue mi sorpresa al darme cuenta de que, cuando volví a incluir el gluten en mi dieta, ¡me sentí como si me hubiera pasado toda la noche bebiendo whisky! Me costó levantarme de la cama, como me ocurría en mis años de adolescente. Estaba desorientado. Volví a sentir rigidez muscular. Tenía la sensación de sufrir una resaca.

«Ahí tienes la prueba —determinó el médico—. Así es como el cuerpo te indica que sufres intolerancia a un alimento.»

Y entonces prometí que, a partir de ese momento, escucharía todo lo que me dijera mi cuerpo.

CAPÍTULO 4

¿Qué te detiene?

LOS ALIMENTOS QUE PUEDEN ESTAR
SABOTEANDO EN SECRETO TU CUERPO Y MENTE

S ER JUGADOR DE TENIS PROFESIONAL puede ser sinónimo de una vida estupenda, o de una realmente difícil.

El tenis es un deporte muy distinto del baloncesto o del fútbol, o de otros deportes de equipo. Puede ser sumamente solitario y muy desalentador; algo más parecido a ser un músico que un atleta. El *ranking* de la Asociación de Tenistas Profesionales incluye a casi dos mil jugadores varones. Muchos tenistas cuando empezamos tenemos que mendigar cada dólar para poder seguir con nuestra profesión y participar en un torneo tras otro, porque si no ganas no cobras.

Sin embargo, cuando alcanzas cierto nivel de éxito, el tren de vida cambia por completo. Tradicionalmente el tenis, al igual que el golf, ha sido un deporte que se basa en la formación, la habilidad y el talento natural, y menos en la forma física. Cuando llegaron a lo más alto de sus carreras, personas como Pete Sampras y Andre Agassi estaban en plena forma, pero estaban más centrados en la técnica que en la dieta o la forma física. Incluso hoy en día, entre los primeros doscientos jugadores del mundo, muchos siguen comiendo lo que les apetece y no piensan demasiado en los entrenamientos, excepto en las horas que pasan en la pista, y disfrutan de su éxito —así como de todos los placeres que conlleva— al máximo. Puedes viajar por todo el mundo, ganar millones de dólares al año, y llevar una vida por todo lo alto si tienes la habilidad natural y la dedicación para ser un profesional del tenis.

Pero cuando estás clasificado entre los primeros cuarenta, las cosas cambian. Hoy en día los jugadores de tenis son tan profesionales que estar en óptima forma y la nutrición se han convertido en aspectos fundamentales para ellos. Los mejores jugadores sacan a una velocidad de más de 200 kilómetros por hora, y la velocidad que imprimen a los golpes de derecha supera los 120 kilómetros por hora. Jugadores de la categoría de Nadal, Federer, Tsonga y Andy Murray son posiblemente más fuertes y rápidos y están más en forma que cualquiera de sus antecesores en la pista.

Somos como instrumentos de precisión: si estoy ligeramente en baja forma —si mi cuerpo no reacciona de la manera adecuada a los alimentos que ingiero—, no puedo jugar al nivel necesario para derrotar a mis adversarios.

Y lo que es aún más importante: tampoco puedo ser el amigo, el hermano, el hijo, el novio o el hombre que quiero ser. Comer bien me da algo más que fortaleza física; me aporta paciencia, capacidad de concentración y una actitud positiva ante la vida. Me permite estar atento en la pista, pero también estarlo con las personas que amo. Me permite alcanzar el nivel más alto de cada ámbito de la vida.

Imagino que tú también quieres jugar al máximo nivel.

Sigue mi recomendación: empieza por cambiar tus hábitos alimentarios.

Tolerancia alimentaria/pruebas de alergia

Los médicos utilizan distintos métodos para detectar la tolerancia o la alergia a ciertos alimentos.

Historial médico. Un médico entrevistará al paciente sobre su dieta para determinar qué alimentos pueden causarle problemas. A veces el médico pide al paciente que lleve un diario detallado sobre todo lo que consume a lo largo de un período de tiempo, incluida el agua.

Eliminación. Según el historial médico y la dieta, el médico indicará al paciente que elimine ciertos alimentos de su dieta habitual. Se identifica al alimento problemático cuando los resultados son positivos.

Prueba cutánea. Se trata del método más común de detección de numerosos tipos de alergia (medioambiental, animal, alimentaria, etc.). El médico emplea una pequeña aguja para inyectar un extracto del posible alérgeno debajo de la piel en la espalda o el brazo del paciente. Si se observa hinchazón o rojez en la zona de la inyección, entonces el resultado es «positivo». El médico combinará este resultado con

tu historial de reacciones alérgicas para elaborar un diagnóstico.

Análisis de sangre ELISA. Un ELISA (ensayo por inmunoabsorción ligado a enzimas) es una prueba de laboratorio que
se utiliza para detectar sustancias en el organismo. Comúnmente se emplea para hacer un diagnóstico de ciertas enfermedades (VIH o hepatitis B, por ejemplo), drogas, y, naturalmente, alergias alimentarias. En este caso, la prueba indica el
nivel de anticuerpos específicos al alimento (inmunoglobu-
lina E, o IgE) en la sangre del paciente.

Test de intolerancia alimentaria oral. Se trata de la prueba
más precisa sobre alergias alimentarias que existe en la actualidad, pero también la más compleja y larga. El médico
hace ingerir al paciente los alimentos sospechosos y observa
las reacciones (si es que se produce alguna). Aquí el patrón
oro es la prueba a doble ciego, en la que ni el médico ni el
paciente saben lo que hay en cada muestra alimentaria. Esto
impide que interfiera cualquier sesgo subjetivo por parte del
médico o el paciente.

Si crees que puedes ser sensible o alérgico a algún alimento y quieres estar seguro de ello, pide a tu médico que
te realice estas pruebas.

Los dos capítulos siguientes abordarán esta cuestión: te
mostraré el tipo de alimentos que lo cambiaron todo para mí.
Los alimentos que aprendí a evitar, así como los que he ido in-

corporando en mi dieta óptima. Verás qué es lo que como y de qué manera lo hago. Aunque no recomiendo que copies mi dieta hasta la última caloría, puedes hacer uso de esta información para plantear tus preguntas y descubrir lo que te motiva, los métodos que funcionan para ti, y los resultados más óptimos. También puedes valerte de mis experiencias —así como de la información científica contenida en este libro— para efectuar los cambios necesarios.

Sólo tienes que probarlo. Para mí, el peor tipo de derrota no es el fracaso, sino la decisión de no intentar algo.

En cuanto a lo que estás a punto de leer en este capítulo en concreto, diré con una sonrisa que no soy médico ni experto en nutrición. Evidentemente, he necesitado la ayuda de expertos en mi investigación, pero así es como las personas que me ayudaron a rehacer mi dieta, mi cuerpo y, en última instancia, mi vida me explicaron en qué consistían mis problemas alimentarios.

El problema con el gluten

Hoy en día se sabe mucho más acerca del gluten que años atrás, y millones de personas gozan de un mejor estado de salud gracias a ello. El gluten es una proteína que se encuentra en cereales como el trigo, el centeno y la cebada. Es el «pegamento» del trigo que compone la masa del pan; sin el gluten, no podríamos lanzar una base de pizza al aire ni enrollar un pastelillo. Todos los productos derivados del trigo tienen gluten, incluso los que son orgánicos. Esto significa que el gluten se encuentra en la amplia mayoría de alimentos que ingerimos. ¿Cuáles, exactamente? He aquí una muestra:

PAN, DESDE LUEGO. Esto incluye los molletes, los panecillos para hamburguesa, las tortillas de harina, e incluso el pan sin levadura como el *matzos.*

FIDEOS O PASTA HECHA CON HARINA DE TRIGO. Esto incluye la pasta de trigo integral, la pasta de «espinacas» o cualquier otra pasta derivada del trigo.

PRODUCTOS DE BOLLERÍA COMO PASTELES, MAGDALENAS, DONUTS, ROLLITOS DULCES Y TARTAS.

TODA CLASE DE GALLETAS SALADAS Y APERITIVOS DERIVADOS DE LA HARINA DE TRIGO.

CEREALES PARA EL DESAYUNO, incluso los copos de maíz que no parecen contener ni traza de trigo (sí que contienen trigo). Esto incluye los cereales dulces para niños y las variedades de cereales «saludables» sin endulzar.

BEBIDAS ALCOHÓLICAS COMO LA CERVEZA Y OTRAS FERMENTADAS DE LA MALTA. Algunos vodkas se destilan a partir del trigo.

Esta lista no pretende ser exhaustiva. Lo cierto es que los ciudadanos de países desarrollados ingieren una gran cantidad de carbohidratos, y en concreto muchos cereales. ¿Cuántas veces has visto una barra de pan o una caja de cereales en los que se proclama que los cereales integrales son una «opción saludable»?[3]

---

3. De las veintiséis posibles «raciones» diarias de cada alimento que recomienda la pirámide alimentaria del USDA (Departamento de Agricultura de Estados Unidos), casi la mitad (once) eran cereales. Hoy en día, el USDA utiliza una bandeja de alimentos para ilustrar cuánto deberíamos comer, aunque las cosas no han cambiado mucho: más de tres cuartas partes de esa bandeja se compone de cereales, frutas y verduras. Mantén las frutas y verduras, ¡pero aléjate de los cereales!

Éstos son los alimentos recomendados para seguir una dieta saludable. Ahora pensemos en toda la comida basura que está repleta de trigo. Hoy en día, el trigo suma un 20 por ciento de todas las calorías que consumimos. Peor aún, el trigo y otros cereales están genéticamente modificados y por eso alteran el equilibrio de nuestro cuerpo de otras maneras. Los científicos que investigan la genética agrícola han descubierto que gran parte del gluten del trigo genéticamente modificado —que compone casi el 100 por cien del trigo que consume el planeta en la actualidad— es estructuralmente distinto al que se obtiene en estado natural.[4]

Tal como ya he explicado, si no tienes una mente abierta, pueden manipularte para que creas que sólo existe una única forma de hacer las cosas —en este caso, los manipuladores serían los productores de alimentos y fármacos que quieren que comamos grandes cantidades de cereales—. Los cereales son baratos de producir, y, en muchos casos, reciben subsidios gubernamentales, por eso a la industria le interesa inculcar la idea de que el pan, en concreto, es un alimento saludable. Ingerir cereales en abundancia significa sufrir más problemas de salud —obesidad, diabetes, enfermedades coronarias—, lo cual a su vez implica consumir más medicinas, que tomamos como resultado de nuestra dieta de cereales integrales «sanos». Los productores de ali-

---

4. El texto básico sobre modificación genética del trigo es *Wheat Belly*, del doctor William Davis. Tal como el doctor Davis comenta: «[E]n los últimos cincuenta años, miles de nuevas cepas [de trigo] han llegado al suministro alimentario comercial humano sin que se haya invertido el menor esfuerzo en hacer pruebas sobre su seguridad».

mentos se hacen ricos. Las compañías farmacéuticas también. Y nosotros enfermamos.

Es triste. El pan fue un alimento básico para mí y mi pueblo durante los bombardeos de Serbia. Ahora nos está robando nuestra calidad de vida.

¿Cuán sensible es tu cuerpo?

Así pues, ¿cuál es el problema con el gluten? En realidad hay varios.

Los cuerpos de algunas personas no pueden procesar el gluten, y pueden sufrir reacciones alérgicas graves. La peor de ellas es la «enfermedad celíaca», una alergia total al gluten. La exposición al gluten de una persona celíaca puede provocar una reacción inflamatoria en el intestino delgado —hinchazón, calambres, diarrea y cansancio crónico—. También pueden producirse erupciones cutáneas. Los intestinos no pueden procesar adecuadamente las vitaminas y los minerales debido a la presencia del gluten, así que la enfermedad celíaca puede conllevar una pérdida de peso, anemia, osteoporosis y desnutrición.

La enfermedad celíaca es una dolencia reconocida por los médicos y requiere el diagnóstico y el tratamiento de un facultativo. Hay personas que no nacen siendo celíacas, sino que van desarrollando la enfermedad con el paso del tiempo. Las personas celíacas deben seguir una dieta sin gluten, y si por error consumen tan siquiera una pequeña cantidad de gluten (oculta en alimentos como la salsa de soja y en aditivos como el color caramelo), pueden sufrir varios días de síntomas muy desagradables.

Pero la mayoría de personas son como yo: tenemos una intolerancia al gluten en los productos derivados del trigo. Una de cada cinco personas puede sufrir cierto grado de intolerancia al gluten, aunque es difícil determinar una cifra exacta porque los síntomas pueden ser moderados o graves, y a menudo se presentan varias horas después de haber consumido gluten (además ¿cuántas personas sufren el impacto de la intolerancia al gluten en plena retransmisión televisiva mientras un nutricionista en Creta está viendo ese programa?) Si el 20 por ciento de nuestro aporte calórico procede del trigo, lo más probable es que la mayoría de personas sufran constantes reacciones al gluten (sensación de hinchazón, cansancio y debilidad) ¡y crean que esos síntomas se deban a las circunstancias de la vida diaria![5]

No consumir gluten puede favorecer la pérdida rápida de peso, aumentar los niveles de energía, e incluso acabar con otras alergias o reacciones del sistema inmunológico. Pero erradicar el gluten de tu dieta no implica sólo sentirse bien físicamente. En ese día del Abierto de Australia, no era sólo mi cuerpo el que se estaba rebelando; también lo hacía mi cerebro. No podía concentrarme ni controlar mis emociones. Y ése es el regalo secreto de mi nueva dieta: pienso y me siento

---

5. Un estudio de 2012 publicado en el *American Journal of Gastroenterology* hizo pruebas a casi trescientos pacientes a lo largo de un período de diez años y descubrió una intolerancia al trigo de naturaleza no celíaca que se dividía en dos clases: una de ellas con síntomas parecidos a la enfermedad celíaca y otra que se asemejaba a una intolerancia alimentaria general, con síntomas de cansancio e hinchazón. En cualquier caso, la solución radicaba en no seguir consumiendo gluten. FUENTE: *Am J Gastroenterol.* 2012 Dec; 107 [12]: 1898-906; «Non-celiac wheat sensitivity diagnosed by double-blind placebo-controlled challenge: exploring a new clinical entity». Carroccio A. et al.

con mayor claridad y espíritu positivo. Estoy convencido de que a ti te pasará lo mismo.[6]

¿Es posible que la pizza me impidiera llegar a ser el número uno?

Ya que de niño mi familia regentaba una pizzería, la Red Bull, mi dieta dependió de la pizza durante años. Para mí era fácil hacerme con un trozo de pizza (o tres) cuando tenía hambre. En esa época parecía lógico, y no sólo por una cuestión de comodidad, sino también desde la perspectiva de mi entrenamiento físico. La pizza lleva salsa de tomate, calcio y proteínas en el queso, y carbohidratos en la masa. Ahí radicaba el problema: el queso y la masa. Comí tanta pizza durante tantos años que seguramente ésa fue la causa de mi sensibilidad al gluten y a los productos lácteos.

Qué lástima. Mi familia prepara unas pizzas estupendas.

Pero la historia acaba con un final feliz. Ahora, y después de comprobar el éxito de mi nueva dieta, mi familia ha abierto una cadena de restaurantes sin gluten en Serbia. Se denominan, simple y llanamente, Novak.

---

6. Las investigaciones han relacionado la enfermedad celíaca y la intolerancia al gluten no sólo con una reacción intestinal, sino con una reacción del sistema nervioso. Un estudio publicado en *The Lancet Neurology* descubrió que la sensibilidad podía provocar un «deterioro neurológico» a distintos niveles. Ello explicaría el número de pacientes que se quejan de sufrir un «aturdimiento» después de consumir productos de trigo y dicen ganar claridad mental, concentración y energía después de retirar el gluten de su dieta. FUENTE: *Lancet Neurol.* 2010 Mar; 9[3]:233-5, doi: 10.1016/S1474-4422(09)70357-6. «Gluten sensitivity: an emerging issue behind neurological impairment?» Volta U. et al.

Dónde se esconde el gluten

Alguien como yo, que depende de su cuerpo para ganarse la vida, puede reconocer fácilmente una intolerancia alimentaria en productos como la carne de cerdo o las fresas porque no ingerimos jamón ni fresas a diario, y además estos alimentos no aparecen como ingredientes ocultos en otros productos. Pero el trigo es insidioso. Incluso los días en que no probaba el pan ni la pasta, no encontraba ningún alivio. Eso se debe a que uno de los mayores problemas de las personas sensibles al gluten es la enorme cantidad de alimentos que contienen trigo. Los síntomas pueden tardar cinco o más horas en aparecer, de modo que si evitas el pan, los cereales y las pastas todo el día, no relacionarás la hinchazón y el cansancio que notaste a las siete de la tarde con tu almuerzo de una ensalada césar y gambas fritas (pero ten en cuenta que la ensalada puede llevar picatostes y las gambas se rebozan con harina). Es perfectamente posible que la intolerancia al trigo sabotee tus planes. Los siguientes alimentos pueden contener productos derivados del trigo o entrar en contacto con ellos durante su procesamiento. Algunos de ellos te sorprenderán...

CARNE CON OTROS INGREDIENTES AÑADIDOS. Incluye embutidos, pastel de carne, albóndigas, perritos calientes, salchichas, caldo de ave y de marisco.

CIERTOS PRODUCTOS DERIVADOS DEL HUEVO Y LOS FRUTOS SECOS. Los sustitutos del huevo como el huevo en polvo, frutos secos fritos y la mantequilla de cacahuete pueden contener gluten.

MARINADAS Y ALIÑOS. Evita los productos elaborados con proteína vegetal hidrolizada y ten cuidado con las marinadas, el miso, la salsa de soja, el aliño para tacos y alimentos preparados con salsas de crema y de carne. Fíjate también en la etiqueta del kétchup, pues algunas marcas contienen vinagre de malta, que se elabora a partir de la cebada.

CIERTOS PRODUCTOS LÁCTEOS. Aléjate del chocolate con leche, los batidos de leche, el yogur helado, el yogur de sabores, el queso para untar y las salsas de queso. Tienes que evitar la leche malteada y los polvos de leche malteados.

QUESOS PROCESADOS. Aléjate de los quesos procesados y los quesos frescos elaborados con base vegetal, fécula alimentaria o conservantes no especificados en la etiqueta.

PANES Y CEREALES ALTERNATIVOS. Evita el bulgur, el cuscús, el durum, el trigo escaña, el farro, la farina, la harina de Graham, el kamut, la sémola, la espelta, el salvado, el germen de trigo, y los productos derivados de la cebada, como la malta, el sabor a malta y el extracto de malta. (Sin embargo, el trigo sarraceno es perfectamente apto; a pesar de lo que pueda parecer, el trigo sarraceno es un cereal.)

CIERTOS PREPARADOS DE FRUTAS Y VERDURAS. Las patatas fritas de los restaurantes de comida rápida, los aliños comerciales de ensalada, los rellenos de fruta para pasteles, las patatas gratinadas, las cremas de verduras, pueden contener gluten. Además, algunos frutos secos están recubiertos por una fina capa de harina.

PRODUCTOS VEGETARIANOS. Todo, desde las hamburguesas vegetales hasta las salchichas vegetales pueden contener gluten.

POSTRES. Algunos helados (especialmente los de sabores relacionados con galletas o pasteles de chocolate), el azúcar glaseado, los caramelos, los malvaviscos, los pasteles, las galletas y los donuts se elaboran con trigo, centeno o cebada. Cuidado con las tartas hechas de harina de trigo, los helados o los sorbetes que contienen estabilizantes del gluten, los conos de helado y el regaliz.

BEBIDAS. Evita el té o el café instantáneo, los sustitutos del café, las bebidas de chocolate, y las mezclas de cacao caliente. Evita también la cerveza y las bebidas derivadas de la cebada, así como las bebidas que contienen sustitutos de los productos lácteos.

CARNES Y MARISCO REBOZADOS. Evita todo lo que esté rebozado, desde el pollo de restaurantes de comida rápida a los calamares a la romana.

DIVERSAS FUENTES SORPRESA. El colorante de caramelo, las hostias de la comunión, el pegamento para sobres, la plastilina (en cualquier caso, ¡no son productos comestibles!), ciertos fármacos, y cosméticos como las barras de labios y el protector labial pueden ser fuentes ocultas de gluten.

Entiendo que este listado de alimentos prohibidos puede hacerte creer que resulta imposible evitar el gluten. Pero eso no es cierto. En muchos de estos casos, los alimentos de este listado son procesados y contienen ingredientes artificiales. Los huevos, la carne, la fruta y verdura no procesados son perfectamente aptos. Tampoco es necesario prescindir de todos esos otros alimentos para siempre. *Pruébalo durante dos semanas.* Ésta es mi sugerencia. Evita el gluten durante catorce días y fíjate en cómo te sientes. Después, en el día quince, toma una rebanada de pan a ver qué ocurre. Más adelante en este capítulo trataremos la variedad de alimentos sin gluten que puedes comer. Yo he conseguido alejarme del gluten y seguir una dieta saludable, equilibrada y satisfactoria que nutre a un profesional del tenis. Y posiblemente yo tenga un menor control de mi horario y del lugar en el que como que el que tienes tú.

Puedes asumir un control de tu dieta y de tu vida. Lo único que tienes que hacer es probarlo.

La vida dulce e inteligente

Una de las cosas que mis amigos han notado es que mi estado de ánimo y mis niveles de energía se han estabilizado desde que cambié mi dieta. Siempre he sido una persona optimista, pero en los últimos dos años, mis momentos más bajos —después de perder un partido, o de ver que mi padre sufría un grave brote de problemas respiratorios— han sido menos intensos de lo que cabría esperar. Ya no estoy ansioso, descentrado ni tengo ganas de romper una raqueta después de sufrir un desengaño. (Aunque me reservo el derecho de hacerlo de vez en cuando, ya que expulsar un poco de fuego siempre es positivo.)

Parte de este equilibrio procede de disipar la neblina mental que provoca el gluten. Y en parte también se deriva de los ejercicios de concentración mental de los que hablaré más adelante. Pero un tercer elemento es que he logrado estabilizar mi nivel de azúcar en la sangre durante el día, y lo he conseguido retirando de mi dieta los alimentos que provocan un subidón en el nivel de azúcar en la sangre, conocido también como glucosa.

Eliminar los alimentos que hacen aumentar tu nivel de azúcar en la sangre y provocan picos de insulina —la hormona que controla la glucosa— puede mejorar tu estado de salud de varias maneras. En primer lugar, dejas de sentir los altibajos que te incitan a consumir ciertos alimentos, a tener antojos y un «mono de azúcar». Asimismo, estabilizar el nivel de azúcar en la sangre disuadirá a tu cuerpo de almacenar grasa, que es lo que hace cuando tiene demasiada glucosa a su disposición. En tercer lugar, es mucho más fácil comer alimentos densos en nutrientes, como las verduras y las carnes magras, porque ya no dependes de tus caprichos alimentarios ni tienes una sensación desesperada de hambre. En breve abordaré esta cuestión.

Pues bien, cuando piensas en alimentos que hacen subir tu nivel de insulina, por lo general piensas en comida azucarada: caramelos, helado, miel o galletas. Es cierto que estos productos hacen subir tu nivel de azúcar en la sangre y desencadenan una respuesta de insulina en tu cuerpo. Pero ¿sabes lo que puede aumentar tu nivel de azúcar en la sangre con mayor rapidez?

El trigo. Incluso el trigo integral.

Así es como funciona: comes un alimento con un alto contenido en carbohidratos, algo lleno de azúcar o que se transforma en azúcar en la sangre (glucosa) a medida que tu cuerpo lo digiere. Tu cuerpo quiere utilizar la glucosa en forma de energía lo antes posible, pero la mayoría de personas no necesitan un subidón de energía porque no van a pasar las próximas dos horas intentando derrotar a Roger Federer en la final de un campeonato.

Así que ése es el problema: tu cuerpo tiene que expulsar el azúcar en la sangre, puesto que ese azúcar es corrosivo para los tejidos de tu organismo. (Por eso los diabéticos, que tienen dificultades para gestionar los niveles de azúcar en la sangre, pueden desarrollar ceguera, un deterioro del sistema nervioso y enfermedades coronarias.) Tu cuerpo libera la hormona insulina, lo cual provoca que las células de tu hígado y los músculos, así como las células grasas de todo tu cuerpo, expulsen la glucosa de tu sangre y la almacenen.

Cuanto más elevado sea tu nivel de azúcar en la sangre, más insulina necesitarás y más depósitos grasos tendrás. Se trata de un círculo vicioso que provoca que los receptores de insulina de tu organismo se vuelvan menos sensibles a la insulina con el paso del tiempo, de modo que tu páncreas necesita producir más insulina para hacer el mismo trabajo. Así es como empieza la diabetes. Mientras tanto, tu cuerpo almacena toda esta grasa, gran parte de ella dentro de tu centro metabólico y en sus inmediaciones: tus órganos vitales o vísceras. Se denomina grasa visceral, y es un tejido activo que libera toxinas y provoca inflamación en las partes de tu cuerpo que son importantes para tu salud (o falta de salud) a largo plazo. Invade e inhibe la función de tu hígado y corazón. ¿Qué ocurre si no ingieres alimentos que hacen subir el nivel de insulina? Tu azúcar en la sangre se estabiliza. No tienes altibajos ni antojos de comer un dulce. Sientes menos apetito porque los alimentos que ingieres (altos en proteínas, en fibras y sumamente nutritivos) te satisfacen durante más tiempo. Tu cuerpo no se pudre con un exceso de glucosa, ni se deteriora el páncreas ni almacenas grasa visceral. Tu cerebro no experimenta una montaña rusa de altibajos de energía.

Tu organismo es saludable y recibe el impulso adecuado. Te sientes mejor y puedes abordar tus necesidades físicas con más energía e impulso, lo cual favorece que tu preparación (física y mental) sea más eficaz.

El trigo y el índice glucémico

Una forma de detectar la capacidad que tiene un alimento de subir el nivel de insulina es medirlo con el índice glucémico. Se creó hace más de treinta años, y es un baremo fundamental para los diabéticos, así como sumamente útil para cualquier persona que desee controlar la respuesta de su cuerpo a la insulina. Si un alimento hace subir rápidamente el nivel de azúcar en la sangre (y la consiguiente respuesta de la insulina), la puntuación del índice será elevada. El índice empieza en «0» (ninguna respuesta de insulina) y llega más allá del «100» (las patatas rojas alcanzan un índice de 111). Evidentemente, cuando superas la barrera del 50, estamos midiendo alimentos azucarados.

He aquí un dato sorprendente: muchos alimentos que se anuncian como «saludables» tienen un índice glucémico más elevado que alimentos que todos coincidiríamos en que son «poco saludables». En concreto, los productos derivados del trigo hacen subir los niveles de azúcar en la sangre con mayor rapidez que un terrón de azúcar.

Basándonos en la información publicada por la American Diabetes Association y la Harvard Medical School, se incluye a continuación una tabla comparativa del índice glucémico de ciertos alimentos.

Productos derivados del trigo	
Pan de trigo integral	71
Crema de trigo instantánea	74
Cereales con uvas y frutos secos	75
Trigo inflado	80
Pretzels cocidos al horno	83
Pizza: masa convencional, servida con tomate y queso parmesano (el alimento básico de los Djokovic durante años)	80

Alimentos «azucarados»	
Miel	61
Sacarosa (azúcar de mesa)	65
Naranja	40
Melocotón en almíbar	40
Patatas fritas de bolsa	51
Helado común	57
Coca-Cola	63
Barrita de tentempié	51

Como podemos comprobar, el pan de trigo integral hace subir tu nivel de azúcar en la sangre casi un 50 por ciento más rápido que una barrita de tentempié. ¿Por qué? La razón principal cabe encontrarla en el modo en que se digieren los carbohidratos del trigo.[7]

Entre los picos de gluten y de azúcar en la sangre, el trigo ofrece una combinación de dobles fatal. Y estás solo al otro lado de la red. Cuando reduces el consumo de trigo, los efectos del gluten desaparecen, pero también pierdes peso. Yo lo atribuyo a una mejora del proceso digestivo y un mayor control de los niveles de azúcar en la sangre.

Yo evito todos los estimulantes de la insulina, y ello incluye no sólo el trigo, sino también todos los azúcares y productos azucarados como el chocolate y los refrescos. Como resultado de ello, sigo una dieta muy sencilla: verduras, alubias, carne blanca, pescado y fruta. La mayor parte de estos alimentos son naturales y no han sido procesados. Descubrirás que cuando has eliminado el trigo de tu dieta, así como sus correspondientes subidas de azúcar, resistirse a otros alimentos azucarados será más fácil.

Una observación importante acerca del azúcar, especialmente para las personas muy activas y los atletas: tal como veremos en el siguiente capítulo, incluyo el azúcar en mi dieta. Pero es un tipo muy concreto de azúcar: es fructosa, un azúcar

---

7. El carbohidrato principal del trigo, la amilopectina, se descompone en el organismo de forma más rápida y eficaz que otros carbohidratos. Aunque la amilopectina se encuentra en otros alimentos, la versión específica que se halla en el trigo se descompone y se convierte en glucosa con mayor facilidad que otras variedades de amilopectina. En definitiva, es como un tren de alta velocidad para la glucosa.

natural que se encuentra en la verdura y la miel. También controlo la cantidad de fructosa que consumo. Mi objetivo cuando entreno o juego un partido de tenis es mantener un nivel estable de azúcar en la sangre. No puedo sufrir picos de azúcar durante una competición.

Mi recomendación es que reduzcas en todo lo posible el consumo de azúcar. Es muy sencillo: cuanto menos azúcar consumes, menos insulina produces, y menos grasa querrá almacenar tu cuerpo. Si te mantienes activo y quemas la energía almacenada, tanto mejor.

Debo insistir: ¿por qué no lo pruebas durante dos semanas y verás cómo te sientes?

Así pues, ¿qué ocurrirá si dejas de tomar uno de estos alimentos o todos ellos?

Supongamos que haces la prueba de no consumir gluten durante un par de semanas. ¿Qué cabe esperar? Según el papel que desempeñaba el trigo en tu dieta —recuerda que el ciudadano medio obtiene un 20 por ciento de sus calorías a partir del trigo—, experimentarás ciertos síntomas de abstinencia. Tendrás que soportarlos durante dos semanas: no te acerques a una panadería a olisquear los bollos dulces. No te tortures. Planifica tus comidas con antelación para no acabar comprándote un bocadillo en un ataque de desesperación.

Créeme: las recompensas no tardarán en llegar, y los antojos irán desapareciendo. Para mí, abandonar el gluten fue como levantar una pesada manta de lana húmeda que hubiera cubierto todo mi cuerpo. Perdí peso. Me sentía más ligero y mis pasos eran más explosivos. Gané claridad mental. Al cabo de dos semanas, no quería volver atrás.

A veces ocurre que tomas gluten sin darte cuenta, y entonces notas realmente cómo tu cuerpo ha empezado a rechazar estos alimentos. Puedes experimentar lentitud, confusión mental, y un leve mareo por las mañanas, los mismos síntomas que una resaca. Así es como tu cuerpo te indica que ya no quiere ni necesita estos alimentos.

Escucha a tu cuerpo.

El factor de los productos lácteos

Aunque mi test ELISA mostró una sensibilidad al gluten y a los productos lácteos, era importante hacer un seguimiento de cada cambio en mi dieta individual. Siguiendo las recomendaciones del doctor Cetojevic, empecé a no comer nada con trigo durante dos semanas. Fue algo que me cambió la vida. Me sentía tan liviano y fuerte que decidí abordar el siguiente paso: reducir también mi consumo de productos lácteos.

Me llevé una sorpresa mayúscula: empecé a perder peso rápidamente, y mi familia estaba preocupada. ¿Cómo mantendría mi nivel de energía? ¿Acaso no necesitaba las proteínas de los productos lácteos? ¿Cómo podía renunciar a comer pizza?

Puedo recomendar a todo el mundo los beneficios de una dieta libre de gluten. Aunque no tengas intolerancia al gluten, los picos de insulina provocados por el trigo no son en absoluto saludables. Pero también merece la pena experimentar con los productos lácteos, porque hay muchas personas que son intolerantes a la lactosa.

La intolerancia a la lactosa es un trastorno bastante común en el que el sistema digestivo no puede descomponer la lactosa, un azúcar que se encuentra en los productos lácteos. Los síntomas son desagradables: hinchazón, gases, dolores abdominales, y a veces vómitos. Si dejas de consumir gluten durante dos semanas y sigues experimentando algunos de estos síntomas, deja de consumir productos lácteos. Nada de queso, leche y helados.

Ten cuidado al dejar de consumir productos lácteos: uno de los problemas más graves que tienen las personas que presentan intolerancia a los lácteos es cómo recibir el aporte de calcio para fortalecer su cuerpo (en especial, los huesos). No soy muy partidario de los suplementos. Prefiero tomar alimentos naturales de los que pueda recibir todos los nutrientes necesarios. Algunas fuentes óptimas de calcio son el brócoli y pescados como el atún y el salmón, y de ahí es donde extraigo mi fuente de calcio; me encantan estos alimentos. Los sustitutos enriquecidos de la leche, como la leche de almendras, también tienen un elevado contenido en calcio.

Algunas personas que presentan intolerancia a la lactosa pueden consumir productos lácteos que han seguido un proceso de fermentación que reduce el nivel de lactosa en los alimentos. Todo lo que lleve una etiqueta con «cultivo vivo» sirve. Si éste es tu caso, atención: el yogur es un buen ejemplo de alimento de cultivo vivo, pero muchos yogures llevan tantos azúcares añadidos que son casi igual de malos que las barritas dulces. Lee la etiqueta antes de comprar el producto.

Se trata de un punto importante: los productos lácteos,

aunque son una fuente óptima de proteínas, no son necesariamente alimentos «bajos en carbohidratos». No están al mismo
nivel que las barritas dulces o la Coca-Cola, pero ¿sabías que
un vaso de 3 decilitros de leche desnatada al 1 por ciento tiene
102 calorías, y que la mitad de ellas proceden del azúcar?

Lo repito: la mitad de las calorías en un vaso de leche desnatada al 1 por ciento proceden del azúcar.

«Es de locos. ¿Cómo puede ser?», te preguntarás. Ocurre
lo siguiente: los nutricionistas calculan las calorías de los alimentos basándose en la cantidad de proteínas, grasas y carbohidratos que presentes en un alimento. Cada gramo de proteína contiene 4 calorías. Lo mismo ocurre con los carbohidratos.
En cambio, un gramo de grasa contiene 9 calorías. Si calculamos el total de gramos de proteínas y carbohidratos y multiplicamos esa cifra por 4, y luego calculamos el total de gramos
de grasa y lo multiplicamos por 9, obtendremos el número total de calorías por ración. Basándote en esta fórmula, puedes
fijarte en la etiqueta de cualquier alimento y calcular cuántas
calorías procedentes del azúcar contiene una ración.

Fijémonos en el vaso de leche desnatada al 1 por ciento.
Según la etiqueta de componentes nutricionales, contiene:

Proteína: 8 gramos. Multiplícalo por 4 y obtienes 32 calorías de proteína.
Grasa: 2 gramos. Multiplícalo por 9 y obtienes 18 calorías
   de grasa.
Carbohidratos: 13 gramos (de azúcar). Multiplícalo por 4
   y obtienes 52 calorías de azúcar.
Calorías totales: 102.

Y la mitad del azúcar. No quiero decir con ello que no deberías consumir productos lácteos ni beber leche. Sólo digo que yo no lo hago. Esto nos lleva a la siguiente sección, y a un concepto que es fundamental en cualquier dieta: la moderación

Al principio puede parecerte que no puedes comer nada. Pero en realidad existe todo un mundo de alimentos frescos, saludables y deliciosos en el mercado. Algunos para consumir en grandes cantidades, otros en pequeñas. No tardarás en descubrir que comes mejor que nunca, y que además disfrutas de tus comidas.

Los alimentos que te energizan

Todos los ámbitos de la vida requieren equilibrio y moderación: ya se trate de la comida, el ejercicio, el trabajo, el amor, el sexo, todo. (Bueno, tal vez menos moderación en cuestiones de sexo, pero ya me entiendes.)

Una vez me explicaron una historia sobre las «cuatro muertes blancas» de la alimentación: el pan blanco, el azúcar blanco, la sal blanca y la grasa blanca. Esto no es del todo exacto, pues tal como he explicado anteriormente, el pan integral es igual de nocivo que el blanco, por ejemplo. Pero la mejor guía, sea cual sea tu constitución, es evitar estos cuatro alimentos en la medida de lo posible, y si un día los consumes, hazlo con moderación.

De hecho, yo procuro moderarme en todos los alimentos que ingiero, incluso los que me son favorables. Tal como veremos en el próximo capítulo, el cómo y el cuándo comer son igual de importantes, en mi opinión, que lo que se come. He descubierto que, vaya donde vaya, siempre busco los siguientes alimentos:

Carne, pescado y huevos. Es posible que sean las opciones más obvias cuando reduces todo el trigo y el azúcar. Me gusta el pollo, el pavo y toda clase de pescado. Como uno de estos alimentos al menos una o dos veces al día. Cuando empiezas a sumar todas las formas distintas de preparar carne y pescado, descubres que tienes literalmente decenas de posibilidades para elegir. Aunque como carne roja, procuro centrarme en el pescado y el pollo para reducir la grasa tanto como sea posible.

Sea cual sea el tipo de carne o pescado que tomes, asegúrate de que sea de la máxima calidad. En cuanto al pescado, elige el de alta mar, no el de piscifactoría. En lo relativo a la carne, elige la ternera de pastos y los pollos criados en libertad. Numerosos estudios han demostrado que un entorno óptimo y natural favorece la calidad nutritiva de las carnes y pescados.

En cuanto a los huevos, no como demasiados porque ingiero pocas proteínas por la mañana, tal como figura en mi plan dietético de la página 120 en adelante. Pero al final del día son una opción muy saludable y práctica si no tienes ganas de preparar carne.

Verduras bajas en calorías. Las verduras son la principal fuente natural de casi todos los nutrientes que necesita el ser humano: vitaminas, minerales, fibra y antioxidantes. Pero no todas las verduras son iguales.

Algunas verduras tienen un alto contenido en fécula y carbohidratos —remolacha, patatas, nabos y otros tubérculos en
concreto, así como la calabaza—. Puesto que intento consumir la mayoría de carbohidratos durante el día para obtener el
máximo de energía, los evito a la hora de la cena porque es
cuando me concentro en las proteínas. Pero las verduras de
hoja y tallo verdes, como las lechugas, el brócoli, la coliflor, las
judías verdes y los espárragos, son lo que yo llamo «neutrales». Puesto que no tienen un alto contenido en carbohidratos,
las tomo a cualquier hora del día.

Fruta. Como fruta, aunque de forma controlada para no lle-
narme de azúcar. Pero si quieres tomar azúcar, la fructosa natural es la mejor opción. Además, la fruta aporta nutrientes. Me
encantan todas las bayas, pero en pequeñas cantidades.

Cereales (sin gluten). Suelo decantarme por la quinoa, el trigo
sarraceno, el arroz integral y la avena. La quinoa y el trigo sarraceno son los ingredientes básicos de una pasta sin gluten muy
sabrosa.

Frutos secos y semillas. Los crudos, no los tostados, son los
mejores. Éstos son los alimentos que me ayudan a conservar mi
energía y me satisfacen durante toda mi jornada de entrenamiento. Aportan proteínas sin hacerme perder peso, así como
otros nutrientes saludables como la fibra y las grasas monoinsaturadas. Me gustan las almendras, las avellanas, los cacahuetes
(que, por cierto, no se pueden comer crudos), las pipas de girasol, las pipas de calabaza, las nueces de Brasil y los pistachos.

Aceites saludables. Consumo aceite de oliva, de coco, de aguacate y de lino cuando es posible.

Legumbres. Me encantan los garbanzos (el ingrediente principal del hummus) y las lentejas. Los frijoles y las judías blancas también son buenas por su alto contenido en fibras y nutrientes. Evita las que están enlatadas, ya que concentran un elevado contenido en sal y por lo general no son saludables.

Condimentos. La clave está en evitar los condimentos azucarados, como el kétchup y la salsa barbacoa. La mostaza, el rábano picante, el vinagre, las salsas picantes y el wasabi son sabrosos. No te olvides de la salsa, especialmente la que prepares en casa.

Hierbas y especias. Existen demasiadas y no puedo mencionarlas todas. Utilízalas para preparar platos tan sabrosos que no echarás en falta el pan sobre la mesa.

Os he presentado un esquema general de mi dieta. Pero ¿cómo como, y por qué es una parte fundamental de mi plan de excelencia profesional y personal? Explicaré estos aspectos en el próximo capítulo.

CAPÍTULO 5

La dieta para ganar

UNA FORMA ÓPTIMA DE COMER PARA OBTENER
EL MÁXIMO RENDIMIENTO MENTAL Y FÍSICO

L A COMIDA ES INFORMACIÓN.

Si puedes recordar estas cuatro palabras, conseguirás cambiar tu forma de comer. La comida es información que le indica a tu cuerpo cómo debe funcionar.

Si quieres conocer el secreto de mi dieta, no me preguntes qué es lo que como. Pregúntame cómo lo como, porque creo que el bocado que me llevo a la boca sólo cuenta la mitad de la historia. La otra mitad tiene que ver con cómo se comunica la comida con mi cuerpo y éste con la comida. Quiero que mi cuerpo y los alimentos que ingiero se conviertan en una sola entidad que funcione de la forma más rápida y eficiente posible, sin problemas ni efectos secundarios.

En mi país tenemos un refrán: «La energía proviene de la boca». Cada alimento que ingieres cambia tu cuerpo de algún modo. Le habla, lo influencia, lo dirige. Cuando tomas consciencia de esta comunicación y aprendes a facilitarla para obtener los resultados que deseas, conseguirás los mejores resultados físicos y mentales.

He aquí cómo participas de esta conversación.

Qué es para para mí la alimentación *slow*

Vivimos en una cultura de comida rápida, y ello implica comer rápidamente. ¿Acaso se trata de una carrera? ¿Alguien me dará una suma de dinero si acabo primero?

Hace unos años, como parte de mi viaje de descubrimiento de la alimentación, fui a un restaurante de Londres llamado Dans le Noir. Ahora existen varios restaurantes de este tipo en distintas ciudades del mundo, y no tienen parangón. No por la comida, sino por la atmósfera que transmiten. En Dans le Noir trabajan mayoritariamente personas invidentes, y cuando comes, lo haces en la más absoluta oscuridad.

No me refiero a que apagan las luces y comes a la luz de una vela. Me refiero a que hay cortinas negras, dejas el teléfono en el guardarropa, y lo único que ves es la más completa y total oscuridad. Un camarero te espera en el vestíbulo, te informa sobre el menú del día, y apunta tu pedido. Luego te lleva de la mano por la más espesa negrura, sintiéndote ciego e indefenso, hasta tu mesa. Comes sin haber visto ni un ápice del plato.

Pero la comida es sumamente sabrosa. Tus sentidos del gusto y el olfato se realzan, y los sabores adquieren una nueva dimensión que nunca habías creído posible. Comes lenta y naturalmente, explorando la comida valiéndote de tu olfato y las papilas gustativas. La experiencia me sirvió para convencerme de lo importante que es comer despacio y resistirse a la mentalidad actual de la comida rápida.

Todo ello me lleva a la regla número uno: *come despacio y de forma consciente.*

Como soy un atleta, mi metabolismo es rápido. Mi cuerpo requiere mucha energía, especialmente cuando tengo que jugar un partido. Por este motivo, necesito digerir los alimentos de la forma más eficiente posible para conservar la energía. Recordemos una lección de la clase de ciencias: el proceso de digestión necesita sangre. Necesito esa sangre cuando estoy jugando. Si puedo ayudar a mi sistema digestivo para que funcione mejor y más rápido, podré volver antes a mi actividad física con fuerza renovada. (Por cierto, ésa es la razón por la que principalmente bebo agua a temperatura ambiente, nunca agua fría. El hielo atrae sangre al sistema digestivo para calentarlo a la temperatura temporal. Ello ralentiza el proceso digestivo.)

¿Y qué ocurre si como rápido? Mi estómago no tiene tiempo de procesar la información que recibe porque le llega a modo de avalancha de alimentos. Si el estómago no recibe la información correcta en el momento adecuado, la digestión se vuelve lenta. Tu cuerpo no te indicará que estás lleno. Es posible que comas más de la cuenta. Tampoco le das tiempo a la boca a hacer lo que debe, es decir, permitir que las enzimas de tu saliva descompongan los alimentos en la boca para que tu estómago no tenga que hacerlo. Volvamos a la clase de ciencias otra vez: la digestión empieza en la boca. Al masticar descomponemos los alimentos, y de este modo el estómago tiene tiempo de prepararse.

Si como deprisa, tendré trozos grandes de comida semi-masticada en mi estómago y mi cuerpo tendrá que hacer un mayor esfuerzo y utilizar más energía para descomponerla. Es decir, no le estaré dando a mi cuerpo las señales inequívocas que necesita para estar en sintonía con los alimentos.

Puede parecer extraño, pero volveré a repetirlo: tu cuerpo necesita estar en sintonía con la comida. En esto consiste exactamente el proceso de digestión.

Cuando me siento a comer, rezo una breve oración. No le hablo a un Dios concreto, ni sigo los preceptos de una religión cuando rezo, y tampoco lo hago en voz alta, es simplemente una conversación que ocurre en mi interior. Cuando lo hago, me acuerdo de que existen millones, tal vez miles de millones de personas hoy en día en el mundo que no tienen qué comer. Probablemente haber pasado por una guerra me ha ayudado a comprender algo que no habría visto de otro modo: nunca podemos dar por sentado que tenemos asegurada la comida. Siempre me acuerdo de que debo verla como una bendición.

Cuando me siento a comer, no veo la televisión. No compruebo mis mensajes de correo electrónico, ni envío SMS, ni hablo por teléfono ni entablo profundas conversaciones. Cuando tomo un bocado, suelo dejar el tenedor sobre el plato y me concentro en masticar. Cuando mastico, el proceso de digestión ya ha empezado, las enzimas de mi saliva se mezclan con la comida, de modo que cuando ésta llega a mi estómago ya se ha convertido en una pieza completa de «información». Es como si dieras una dirección a una persona; cuantos más detalles aportas, más fácil podrá llegar a su destino y no tardará tiempo en hacer averiguaciones. Yo no quiero que mi cuerpo tenga que hacer ninguna averiguación, porque sé lo que eso le cuesta a mi estómago y el coste que acarrea a mis niveles de energía durante el resto de la jornada. Todo ello me lleva a la segunda regla.

Regla número dos: *da a tu cuerpo instrucciones claras.*

¿Qué quiero que mi cuerpo haga con la comida que le proporciono?

Nuestros cuerpos utilizan la comida para dos objetivos primordiales: en primer lugar, para recibir energía, mantener nuestras piernas en movimiento, para que el corazón bombee, y mover nuestras raquetas. Los carbohidratos son la fuente primaria de energía para nuestras actividades diarias.

En segundo lugar, para curación y reparación: para recuperar el desgaste del día, tanto si ese desgaste viene dado por un entrenamiento físico como por una larga jornada en la oficina. Nuestros cuerpos utilizan las proteínas (así como otros nutrientes) para reparar los músculos, generar células sanguíneas y suministrar hormonas.

Pero del mismo modo que ocurre con un empleado, tienes que darle a tu cuerpo un listado de prioridades: «Primero, quiero que hagas esto. Luego, lo otro». Durante el día, quiero que mi cuerpo esté lleno de energía. No quiero que ocupe parte de su ajetreado horario de entrenamiento en hacer otras cosas, aunque esa otra tarea sea importante. Por eso la inmensa mayoría de las calorías que ingiero en la primera mitad del día, hasta el almuerzo, son carbohidratos. Cuando como carbohidratos con muy poca proteína, le estoy diciendo a mi cuerpo: «Necesito energía. Haz lo que consideres oportuno». Suministro a mi cuerpo pasta exenta de gluten, arroz, avena y

otros alimentos ricos en carbohidratos y sin gluten para recibir mi aporte energético.

Por la noche no necesito energía. Estoy cansado, y quiero
dormir bien. Así que le digo a mi cuerpo: «Necesito que repa-
res el desgaste del día. Por favor, toma estas proteínas y haz lo
que debas hacer». Por eso como carne, pollo y pescado en
abundancia.

Tal como mencioné en el capítulo 4, las frutas y verduras
componen una parte importante de mi dieta, aunque cubren
necesidades diferentes en momentos distintos del día. A la
hora del desayuno, como abundantes bayas y otras frutas con
azúcar, porque necesito esa energía que se quema rápido. Para
almorzar, sigo comiendo frutas y verduras de toda clase. Pero
durante la cena busco reducir mi consumo de carbohidratos.
Así que opto por ensaladas, verduras de hoja verde y otras verduras que tengan un alto contenido en agua, aunque evito la
mayoría de frutas (especialmente las frutas carnosas como las
manzanas y las peras) y los tubérculos, que tienen un alto
aporte en carbohidratos.[8]

Al comer de esta forma, me aseguro de que mi cuerpo recibe todos los nutrientes que necesita, pero también de que
tiene toda la información que precisa. Verás que el plan dietético que detallo a continuación es muy sencillo.

Regla número tres: *actitud positiva.*

---

8. Las frutas y verduras con un mayor aporte en carbohidratos son las patatas (37 gramos por una patata roja de tamaño medio), los plátanos (31 gramos cada uno), las peras (27,5 gramos por pieza), las uvas (27 gramos por taza), los mangos (25 gramos por
taza), las zanahorias (25 gramos por taza), la remolacha (17 gramos por taza) y las cebollas (15 gramos por taza). Cuidado con la fruta seca: las pasas tienen un sorprendente
aporte de 115 gramos de carbohidratos por taza.

Hay otra razón por la cual no veo la televisión mientras como: hay muy poco en la televisión que sea de signo positivo.

Creo que los alimentos pueden aportar energía positiva o negativa dependiendo no sólo de lo que comes, sino también del modo en que los tratas. Antes de explicarte el porqué, recuerda lo que dije anteriormente: «Mantén la mente abierta». En una ocasión fui testigo de una asombrosa prueba relacionada con la medicina oriental. Un investigador llenó dos vasos de agua —la misma clase de agua y la misma cantidad—. Con uno de esos vasos compartió energía positiva: amor, alegría, felicidad y todo lo bueno de la vida. Nutrió el vaso.

Al otro vaso le dio toda su energía negativa: ira, miedo, hostilidad. Insultó al vaso.

Luego dejó que esos dos vasos reposaran durante varios días.

La diferencia entre esos dos vasos de agua al cabo de unos días fue inmensa. El agua a la que había dirigido todos los pensamientos e influencias negativas presentaba un color verdoso, como si crecieran algas en su interior. El otro vaso seguía radiante y cristalino.[9]

Parece cosa de locos, ¿verdad? Lo sé. Pero, para mí, esa prueba indica que todas las cosas del mundo comparten el

---

9. Un informe de 2004 publicado en *The Journal of Alternative and Complementary Medicine* del médico Masaru Emoto contiene un ensayo fotográfico de cristales congelados de agua procedente de distintas fuentes. Incluye fotografías de agua después de que esa agua se haya extraído de vasos envueltos en papel con palabras positivas o negativas escritas en él. La energía positiva parecía dar como resultado unos cristales claros como copos de nieve, mientras que el agua expuesta a la energía negativa formó unos cristales oscuros y de formas indeterminadas. FUENTE: *The Journal of Alternative and Complementary Medicine*, 2004; 10(3): 19-21. Healing with Water. Emoto M.

mismo tipo de energía. Ya sean personas, animales, los elementos de la naturaleza, todo.

Incluida la comida. Especialmente la comida.

Creo que si comes con algún tipo de temor, preocupación o enfado, el gusto de la comida y la energía que recibes de ella no serás tan efectivos. Lo que das es lo que recibes. Ésa es otra de las razones por las cuales rezo una oración al sentarme a la mesa. Adopto una actitud humilde ante la comida. La aprecio ahora más que nunca. Porque la comida y yo no siempre nos hemos llevado bien.

Regla número cuatro: *busca la calidad, no la cantidad.*

En el mundo de los deportes, los atletas siempre tienen miedo de no rendir lo suficiente. De no tener el empuje suficiente, de no tener la hidratación suficiente, de no alimentarse lo suficiente. Al igual que la mayoría de otros atletas, yo me preocupaba por no recibir suficiente comida. «¿Y si me quedo sin?», me preguntaba constantemente. «¿Podré aguantar todo un día de entrenamientos?» Siempre comía más. Seguía comiendo a pesar de sentirme lleno, y me obligaba a tomar una barrita de cereales repleta de conservantes y azúcares durante mi entrenamiento. Como consecuencia de ello, proporcionaba demasiada comida a mi estómago y demasiada información que procesar. Cuando reduje esas fuentes nutritivas altas en calorías, muchas personas de mi entorno dudaban de lo que estaba haciendo. ¿No tomas ningún batido de suero proteínico? ¿No consumes platos interminables de pasta? ¿Nada de pizza? Me advertían: ¡Nunca tendrás la fuerza ni la energía que necesitas!

Pero he aprendido que es mucho más importante centrarse en la calidad de lo que comes que en si comes mucho o poco.

Y no me refiero sólo a los alimentos «saludables». La mayoría de personas sabe en qué consiste la comida saludable. Pero hay distintos grados de comida saludable. Existe una diferencia entre un tomate fresco y una salsa procesada y enlatada elaborada a partir del tomate. Procuro alimentarme en la medida de lo posible con productos orgánicos, naturales y no procesados. La energía que obtienes de estos alimentos es más pura y por tanto el proceso digestivo es más rápido. Piensa en la última vez que estuviste en un hotel o un balneario. Posiblemente vieras un bol de frutas con manzanas. Eran brillantes, relucientes, perfectas. Pero nadie las come; pueden permanecer allí durante días. Semanas. No se pudren. Cuando lo piensas detenidamente, resulta perturbador. Muchos de los alimentos que consumimos se han rociado con pesticidas y agentes antihongos. Y en realidad no sabemos cómo reaccionan estas sustancias químicas cuando se encuentran en nuestro organismo. ¿Qué órdenes dan exactamente a nuestro cuerpo? Numerosos estudios han llegado a la conclusión de que lo único que indican a nuestro cuerpo es que aumente de peso.[10]

Al principio, todo es orgánico porque lo extraemos de la tierra. Pero luego lo tratamos con pesticidas, antibióticos o nutrientes tratados genéticamente. Algunos son genéticamen-

---

10. Nueve de los diez pesticidas más conocidos son «sustancias químicas que alteran el sistema endocrino», lo cual se ha relacionado una y otra vez con el aumento de peso. Investigadores de la Universidad de California en Irvine han demostrado que cuando nos exponemos a los pesticidas a una edad temprana, estas sustancias químicas pueden desencadenar un cambio genético que predispone a nuestros cuerpos a ganar peso. *The New American Diet: How Secret «Obesogens» Are Making Us Fat*, de Stephen Perrine y Heather Hurlock, contiene abundante información adicional sobre pesticidas y otras sustancias comunes que guardan relación con la obesidad.

te modificados, como nuestro trigo. Lo entiendo, se trata de un negocio. Los agricultores quieren que sus productos parezcan más grandes y de mayor calidad. Quieren vender más. Se centran en la cantidad en vez de en la calidad.

La comida orgánica es más cara, desde luego, y también lo es el pescado que no es de piscifactoría, la ternera de ganadería ecológica y el pollo criado en libertad. Para mí, merece la pena pagar por estos productos. No todo el mundo tiene dinero para costear esta comida «especial». Pero si puedes permitírtelo, recomiendo que inviertas en ello. Una forma conveniente de rentabilizar los alimentos orgánicos es hacer como yo: cocinar. Aunque esté en una ciudad distinta (¡y a veces en un país distinto!) cada dos semanas, casi siempre preparo mis comidas.

Intento hospedarme en un hotel con cocina en la habitación para poder prepararnos nuestra comida. Mi familia suele viajar conmigo, y mi novia y mi madre se aseguran de que la nevera y los estantes estén repletos de comida sana. De esta forma puedo tener un mayor control de los ingredientes, las porciones y el tiempo. También tengo a mi disposición alimentos de alta calidad que cubren el resto de mis necesidades: fruta fresca en la nevera, frutos secos, semillas, agua de coco, aceite de coco, aguacate, pescado fresco... Más adelante me referiré a cómo preparo estos platos.

Eres lo que comes

Mis cambios dietéticos —así como el éxito que he tenido desde que los incorporé a mi vida— han sido objeto de una enorme publicidad. Cuando hice público que debía mi éxito a un cambio en mi alimentación, mucha gente empezó a prestar atención a su alimentación y a experimentar con ella. Cuando ahora compito en un campeonato y voy a comer a las instalaciones del estadio, el cocinero me prepara un plato de pasta sin gluten. Hace unos años yo era el único que la comía. Ahora hay otros muchos jugadores de tenis que comen pasta sin gluten. Ignoro si eso se debe a mí, a su intolerancia al gluten o a la convicción de que una dieta sin gluten les ayudará a hacer la digestión. (Tal como he mencionado anteriormente, el gluten es como un pegamento; los alimentos que contienen gluten forman una masa y cuestan más de digerir que los que no contienen gluten.) Pero una cosa es segura: cuando empecé a tomar pasta sin gluten, no había ningún otro jugador de tenis que la consumiera. Ahora sí, tanto hombres como mujeres.

Hoy en día las noticias vuelan. Creo que todos somos más conscientes no sólo de la conveniencia de seguir una dieta sin gluten, sino de la comida sana y la nutrición en general. Más que en cualquier otro momento de la historia, la gente sabe lo que le conviene y lo que no. Nos damos cuenta de que la comida rápida y procesada no es sana, de que la aparente «comodidad» de la mala alimentación aporta más estrés a nuestras vidas.

Pero sigue existiendo una brecha. Yo la veo, y creo que tú también la notas. Saber algo y actuar en consecuencia son dos cosas distintas. La gente sabe lo que debería comer, pero sigue tomando decisiones poco saludables.

Por eso es tan importante darse cuenta de que la comida es información. Pregúntate a ti mismo: *¿Cómo me siento cuando como algo poco saludable?* No inmediatamente después de comer, cuando todavía percibes el sabor del azúcar, la sal o la grasa en la boca. Sino después. Cuando comes comida que no te conviene, tu cuerpo lo sabe. Tu cuerpo te envía una señal que grita: «¡Lo que has comido es una porquería y pagarás por ello!» ¿Cuáles son estas señales? Sientes letargo, depresión, o sufres indigestión. Tal vez tengas jaqueca o sufras un leve mareo.

Si has seguido una dieta poco saludable durante mucho tiempo, tu cuerpo te envía señales más contundentes. Aumentas de peso. Tienes más probabilidades de sufrir diabetes, cáncer y enfermedades coronarias. Así es como tu cuerpo se comunica contigo. Si no te gusta tu aspecto físico o cómo te sientes, eso también es información: tu cuerpo te está diciendo que cambies o vas a tener problemas serios.

Ahora, hazte la siguiente pregunta: *¿Cómo me siento cuando ingiero algo que sí me conviene?* En mi caso es muy sencillo: me siento fenomenal. Eso es lo que he aprendido, y facilita mis decisiones alimentarias.

«¿Cuánto comes?»

A menudo me hacen esta pregunta. Es una buena pregunta. Se remonta a mi primer punto acerca del hecho de que toda persona es única. Es muy probable que tus necesidades nutricionales sean muy distintas de las mías. Pero hay algo que se aplica a todo el mundo: si comes en exceso, te sentirás mal.

Al igual que la mayoría de atletas profesionales, solía preocuparme por consumir suficiente energía. Pero el hecho de comer «suficiente» me estaba restando energía. Lo sentía tan pronto como empuñaba una raqueta; me faltaba dinamismo y ligereza de movimientos en la pista porque no digería la comida a tiempo. Bombardeaba mi estómago con demasiada información.

Seguramente las personas que no son atletas temen lo contrario: ¿estaré comiendo demasiado? Por eso miden con esmero sus porciones, cuentan las calorías y se preocupan por la comida.

Yo soy un atleta profesional. Si quisiera, podría contratar a alguien para que se ocupara de mis comidas y contara las calorías. Pero no hay nadie más experto en mis necesidades nutricionales que yo, de igual modo que nadie entiende tus necesidades nutricionales mejor que tú.

Comer despacio me ha ayudado a saber exactamente cuánto necesito. Es posible que esta respuesta parezca muy ambigua. «Improviso sobre la marcha.» Pero tiene sentido, y estoy convencido de que hasta cierto punto tú también lo haces. ¿Acaso no hay momentos del día en los que necesitas combustible? ¿Acaso no sabes inmediatamente cuándo has comido demasiado? ¿O cuándo has ingerido un combustible de mala calidad? Pues claro que lo sabes. Si prestaras un poco más de atención a tu cuerpo, si comieras más despacio y te centraras en lo que comes, tendrías un «sexto sentido» acerca de tus necesidades.

Algunos atletas de élite se jactan de tomar enormes cantidades de calorías en época de entrenamientos y, bueno, tal vez hacerlo les funcione. Pero yo no tengo ni idea de cuántas calorías ingiero. Y me atrevería a afirmar que tú sólo podrías ofrecer una cifra aproximada. Prefiero conocer mi cuerpo a fondo y respetar el combustible que le suministro.

Un día con mi dieta

Ahora describiré en qué consiste mi dieta de un día normal y corriente. En primer lugar, debo aclarar lo siguiente: no se trata de un plan fijo. Cada ejemplo que proporciono es una variable; algunos días lo sigo, y otros no. Todo depende de escuchar y entender mi cuerpo. Espero que saques dos conclusiones de este diario alimentario: en primer lugar, la sensación de que presto atención a mi aporte alimentario basándome en cómo me siento; y en segundo lugar, espero que aproveches un montón de ideas para experimentar con tu propia dieta.

Recordarás que en el capítulo 3 mencionaba una teoría de la medicina china según la cual algunos órganos del cuerpo prefieren ciertos alimentos en determinados momentos del día. Me gusta esta teoría y procuro ceñirme a ella. Pero a veces incluso a mí me cuesta seguirla.

Viajo a menudo debido a mis partidos de tenis, suelo cruzar distintas franjas horarias, y siempre tengo que adaptarme a nuevos lugares y culturas. Procuro recordar esta teoría y seguirla en la medida de lo posible.

Sin embargo, sigo religiosamente las cuatro normas que describía en el capítulo 3:

Come despacio y conscientemente.
Da instrucciones claras a tu cuerpo.
Adopta una actitud positiva.
Busca la calidad, no la cantidad.

Y éste es el papel que estas normas tienen en mi dieta.

Miel para la mañana

Muchas personas seguimos rituales matutinos, pero seguramente el mío es más estricto que el de la mayoría de personas.

Lo primero que hago al levantarme de la cama es beber un vaso de agua a temperatura ambiente. He estado ocho horas sin beber nada, y mi cuerpo necesita hidratación para empezar a funcionar a pleno rendimiento. El agua es un aspecto fundamental del proceso de reparación corporal. Cuando estás deshidratado, estás menospreciando ese aspecto del mantenimiento de tu cuerpo.

Tal como he mencionado antes, hay una razón por la cual evito el agua con hielo. Mi horario requiere un entrenamiento y práctica constantes. La mayoría de días empiezo con una serie de estiramientos o posturas de yoga (las describiré en el capítulo 7). Cualquier tipo de ejercicio, incluso los estiramientos, requiere un buen riego sanguíneo hacia los músculos. Cuando bebes agua con hielo, el cuerpo necesita enviar más sangre al sistema digestivo para calentar el agua a 36 grados. Este proceso tiene sus ventajas, en el sentido de que el agua fría quema unas cuantas calorías de más. Pero también ralentiza el proceso de digestión y desvía la sangre del lugar donde quiero que esté, es decir, en mis músculos. Así que por la mañana, y durante el resto del día, suelo beber agua a temperatura ambiente.

(Si has leído mucho sobre dietas, probablemente habrás oído decir que un proceso de digestión lento es saludable, pues quieres que los alimentos se queden en el estómago para no volver a tener una sensación de hambre. Es una buena idea si tienes intención de sentarte en el sofá y ver un partido de tenis de cuatro horas. Pero no es un buen plan si eres tú el que juega el partido. Una digestión lenta significa que te sentirás adormecido y con pocas ganas de moverte, lo cual implica hacer menos ejercicio y notar una sensación de hinchazón y cansancio. No estés tan seguro de ceñirte a una dieta que «te sacie» mucho tiempo.)

Lo que hago después de beber agua te sorprenderá: tomo dos cucharadas de miel. Cada día. Procuro tomar la miel de manuka, que es autóctona de Nueva Zelanda. Es una miel oscura, elaborada a partir de abejas que se alimentan del árbol manuka (o árbol del té), que se ha demostrado que tiene más propiedades antibacterianas que la miel común.

Ya sé lo que estás pensando: la miel es azúcar. Sí, es verdad. Pero tu cuerpo necesita azúcar. En concreto, necesita fructosa, el azúcar que hallamos en las frutas, en algunas verduras y especialmente en la miel. Lo que no necesita es la sacarosa procesada, la sustancia que se encuentra en el chocolate, los refrescos o en la mayoría de bebidas energéticas que aportan una fuente instantánea de azúcar que te hacen sentir un subidón.

A mí no me gustan los subidones, porque no son buenos. Si ahora tienes un subidón, significa que no tardarás en tener un bajón. El azúcar malo hace que tu azúcar en la sangre registre un altibajo. Y si eres un atleta no rindes bien.

Los buenos azúcares, como los azúcares naturales que encontramos en la fruta y la miel (la fructosa), no son tan exagerados en su índice glucémico. De hecho, tal como describo en el capítulo 4, la miel es menos susceptible de causar un subidón de adrenalina que la tostada de trigo integral que ingieren la mayoría de personas «preocupadas por su salud».

Después de unos cuantos estiramientos y de realizar ejercicios calisténicos, estoy listo para el desayuno. Por lo general tomo lo que llamo un «Bol Poderoso», un bol de tamaño normal con una mezcla de los siguientes ingredientes:

Muesli sin gluten o avena
Un puñado de frutos secos: almendras, avellanas, cacahuetes
Semillas de girasol o calabaza
Frutas de acompañamiento, o bien troceadas, como los plátanos o todo tipo de bayas
Un chorrito de aceite de coco (me gusta tomarlo por sus electrólitos y minerales)
Leche de arroz, leche de almendra o agua de coco

Como puedes comprobar, es posible combinar distintos ingredientes y cantidades. Un bol con estos ingredientes suele ser suficiente para mí. Si creo que voy a necesitar más —rara vez ocurre—, entonces espero otros veinte minutos y me tomo una pequeña tostada sin gluten, atún y un aguacate. Me encantan los aguacates; es una de mis frutas preferidas.

Hay una razón concreta por la que espero veinte minutos antes de ingerir una proteína pesada tras el desayuno «normal». Como seguramente habrás adivinado, tiene que ver con el proceso de digestión y el hecho de comer despacio. Tu estómago digiere los carbohidratos y las proteínas de forma distinta. Si estás digiriendo proteínas de carne y carbohidratos al mismo tiempo, el proceso de digestión se ralentiza automáticamente, y pones a tu estómago en aprietos porque haces que consuma más energía. Así que procuro darle a mi estómago algo de tiempo para que haga sus ajustes. Me gusta enviarle señales de carbohidratos primero, y luego señales de proteínas pesadas.

Recuerda: la comida es información.

A medida que avanza la jornada...

Para mí, un almuerzo típico se compone de pasta sin gluten y verduras. La pasta se elabora a partir de la quinoa o del trigo sarraceno. En cuanto a las verduras, la selección es muy amplia. Rúcula, pimientos asados, tomates frescos, a veces pepino, mucho brócoli, mucha coliflor, judías verdes, zanahorias. Combino las verduras con la pasta con un chorrito de aceite de oliva y una pizca de sal. Las mezclas y las combinaciones me sientan bien. No consumo salsas pesadas como la salsa de tomate. A las salsas de tomate —incluso la más ligera que prepara tu madre en casa— se les suelen añadir ingredientes enlatados, y eso significa aditivos. Por otro lado, las salsas pesadas ralentizan la digestión.

(Debo añadir que en los días de partido, cuando sé que tendré que entrenar al mediodía y empezar el encuentro hacia las tres de la tarde, tomo una proteína pesada para el almuerzo, así tengo energía suficiente durante todo el partido. Pero, por lo general, sólo necesito pasta.)

Durante mis días normales, necesito algo de combustible para aguantar el entrenamiento y la preparación física. Eso es lo que hago, aunque lo que necesito en cada momento puede variar mucho.

Durante el entrenamiento, bebo dos botellas de una bebida energética que contiene extracto de fructosa. No resulta pesada, aunque me permite abastecer mis niveles de energía. Los ingredientes que busco en una bebida son los electrólitos, el magnesio, el calcio, el zinc, el selenio y la vitamina C. El magnesio y el calcio favorecen la función muscular y del corazón, y además evitan los calambres. Si es un día húmedo, también tomo una bebida hidratante con electrólitos porque pierdo mucho líquido.

Naturalmente, la hidratación es muy importante durante el día. Haga lo que haga, siempre llevo agua conmigo. Ya he sufrido los síntomas de la deshidratación, y las señales que recibo son mucha sed, aturdimiento, falta de energía y fuerza, y a veces un poco de entumecimiento. También procuro no hidratarme en exceso. No quiero eliminar todos los minerales y vitaminas que ingiero. Si veo que mi orina es muy clara, entonces es que estoy hidratado en exceso. Me gusta que la orina tenga un poco de color. (¿No estaré dando demasiados detalles?)

Después de mi entrenamiento, tomo un batido proteínico orgánico elaborado a partir de una mezcla de agua con un concentrado proteínico de arroz o guisante (también se conoce como «proteína médica») y jugo de caña evaporado. No bebo suero ni batidos de soja. Para mí ésa es la forma más rápida de recobrar fuerzas.

Antes de un partido, cuando realmente necesito mucha energía, suelo tomar una bebida Power Gel con veinticinco miligramos de cafeína. Pero tengo cuidado de no sobrepasarme. Eleva mis niveles de energía, pero no altera mi nivel de concentración. Algunas personas creen que tomar cinco cafés o una botella grande de Coca-Cola aumentará su energía, pero esa gente acabará sufriendo un enorme bajón.

Durante un partido, como frutos secos, como por ejemplo dátiles. Tomo una o dos cucharaditas de miel. Siempre me ciño a los azúcares derivados de la fructosa. Aparte de estos ejemplos, la mayoría del azúcar que consumo procede de las bebidas de entrenamiento que acabo de mencionar.

Más tarde, cuando llega el momento de la cena, como proteínas de carne o pescado. Suele ser un bistec, pollo o salmón, a condición de que sea de ganadería ecológica o de gallinas en libertad, etc. Me gustan las carnes asadas o a la parrilla, y en la medida de lo posible como el pescado al vapor o hervido. Cuanto más se acerquen a su estado natural, más nutritivos son estos alimentos. Los combino con verduras al vapor como el calabacín o las zanahorias. También puedo tomar garbanzos o lentejas, y de vez en cuando sopa.

Muchas personas también me preguntan acerca del alcohol. No puedo tomar cerveza ni vodka destilado a partir del trigo, así que es absurdo pensar en ellos. Nunca bebo alcohol durante un torneo. Punto. De vez en cuando tomo un vaso de vino tinto. No lo considero una bebida alcohólica. Lo considero una bebida sagrada, un líquido que también tiene usos medicinales. Todos hemos oído testimonios sobre los beneficios del vino tinto para el corazón. Pero no bebo mucho. A mí me crea acidez en el sistema digestivo, y esto puede resultar incómodo.

Los tés son maravillosos a cualquier hora del día. Me gusta el té de regaliz, porque me ayuda a permanecer despierto sin recurrir a la cafeína, y además favorece la circulación de la sangre. También me gusta un buen té con limón y jengibre.

Plan semanal de nutrición

Acabo de describir qué es la comida para mí, pero mi dieta siempre evoluciona, y nunca me cansaré de mejorarla. Esta muestra de menú de siete días sin gluten y sin productos lácteos me funciona bien por el momento, y espero que te ayude a confeccionar tus propios menús. En el capítulo 8 encontrarás recetas con los alimentos que a continuación están marcados en cursiva.

Lunes

Desayuno

Agua, al levantarme

2 cucharadas de miel

«Bol Poderoso» de muesli con leche de almendra no azucarada o leche de arroz

Fruta

Tentempié (si es necesario)

Pan o tostadas sin gluten con aguacate y atún

Almuerzo

Ensalada verde

Pasta primavera sin gluten

Merienda

Manzana con mantequilla de anacardo

Sandía o melón

Cena

Ensalada césar con quinoa

Sopa minestrone

Salmón a las hierbas

Martes

Desayuno

Agua, al levantarme

2 cucharadas de miel

Plátano con mantequilla de anacardo

Fruta

Tentempié (si es necesario)

Tostada sin gluten con mantequilla de almendras y miel

Almuerzo

Ensalada verde

Ensalada picante de fideos soba

Merienda

Barrita de frutos secos y fruta fresca

1 pieza de fruta

Cena

Ensalada niçoise con atún

Sopa de tomate

Tomates asados

Miércoles

Desayuno
Agua, al levantarme
2 cucharadas de miel
Avena sin gluten con mantequilla de anacardo y plátanos
Fruta

Tentempié (si es necesario)
Hummus casero con manzanas o verduras u hortalizas crudas

Almuerzo
Ensalada verde
Pasta sin gluten con pesto poderoso

Merienda
Aguacate con tostadas sin gluten
1 pieza de fruta

Cena
Ensalada verde con aguacate y aliño casero
Crema de zanahorias con jengibre
Pollo asado con limón

Jueves

Desayuno

Agua, al levantarme

2 cucharadas de miel

«Bol Poderoso» de muesli con leche de almendra no azucarada o leche de arroz

Fruta

Tentempié (si es necesario)

Manzana y un puñado de anacardos o almendras

Almuerzo

Ensalada verde con quinoa, pollo, manzanas, aguacate y aliño casero

Merienda

Almendras asadas con tamari (salsa de soja sin gluten)

1 pieza de fruta

Cena

Ensalada verde con aguacate y aliño casero

Sopa de pollo casera con arroz

Lubina con mango y salsa de papaya

Viernes

Desayuno
Agua, al levantarme
2 cucharadas de miel
Plátano con mantequilla de anacardo
Fruta

Tentempié (si es necesario)
Pan o tostadas sin gluten con atún y hummus

Almuerzo
Batido de mango y coco
Pasta primavera sin gluten

Merienda
Barrita de frutos secos y fruta fresca
1 pieza de fruta

Cena
Sopa de cebolla
Ensalada verde con quinoa, aguacate, pechuga de pavo y aliño
    casero

Sábado

Desayuno
Agua, al levantarme
2 cucharadas de miel
Avena sin gluten con mantequilla de anacardo y plátano

Tentempié (si es necesario)
Batido de mantequilla de almendras y bayas

Almuerzo
Ensalada césar con escarola y quinoa

Merienda
Un trozo de cecina
Fruta

Cena
Ensalada verde con aguacate y aliño casero
Crema de guisantes
Filete de solomillo
Patatas asadas rellenas

Domingo

Desayuno

Agua, al levantarme

2 cucharadas de miel

Batido de fresas y plátano

Fruta

Tentempié (si es necesario)

Tostada sin gluten con mantequilla de almendras y miel

Almuerzo

Ensalada de quinoa y tomate secado al sol

Merienda

Almendras asadas con tamari

Pieza de fruta

Cena

Ensalada verde con aguacate y aliño casero

Sopa de tomate

Boniato al horno

Hamburguesa sin panecillo

CAPÍTULO 6

Entrenar la mente

ENTRENAMIENTO CONCENTRADO Y ESTRATEGIAS
DE RELAJACIÓN PARA ALCANZAR LA EXCELENCIA

PARA MÍ, el entrenamiento no consiste en correr ni repetir las mismas rutinas del tenis una y otra vez, año tras año, hasta que son tan naturales para mi cuerpo como el respirar. Reconozco que buena parte de mi entrenamiento consiste en hacer esto. Pero no lo es todo. Hay muchos refranes viejos y trillados en el mundo del tenis, pero éste es uno de mis preferidos: parece como si el partido se disputara dentro de la pista, pero en realidad se desarrolla dentro de tu cabeza.

Este dicho se corresponde con todo lo que he ido comentando acerca de la comida, porque la energía adecuada no sólo alimenta tu cuerpo. Durante mis esfuerzos por superarme, antes de descubrir cómo nutrir adecuadamente mi cuerpo, no sólo me derrumbaba físicamente en momentos cruciales de mi juego. Sufría calambres en el cerebro además de en el cuerpo. Incluso cuando me encontraba bajo una presión extrema, me sentía aturdido y poco concentrado. Cabe pensar que si Rafael

Nadal lanza un saque a más de 200 kilómetros por hora, tu mente estará atenta, pero yo ya me daba cuenta de que a nivel mental y emocional algo no funcionaba. El problema: lo que ahora muchos médicos llaman «cerebro de cereal».

Los alimentos que contienen gluten favorecen la depresión, el letargo e incluso la demencia y los trastornos psiquiátricos.[11] Por tanto, tienes que tratar tu mente del mismo modo que tratas tu cuerpo: tienes que alimentarlo adecuadamente.

Pero también tienes que ejercitarlo.

Muchas personas me preguntan: «¿Cómo te preparas para el juego mental?» Pues bien, tal como he dicho anteriormente, yo alimento mi mente al igual que mi cuerpo. A continuación describiré algunos ejercicios mentales que puedes hacer para aportar tranquilidad y claridad a tu vida. No revelaré todos mis secretos —a fin de cuentas, quiero seguir teniendo una carrera—, pero sí que utilizo una serie de técnicas mentales para mantenerme alerta, centrado y conectado durante los entrenamientos y los partidos. De todos modos, los concibo necesariamente como «métodos de entrenamiento».

Conforman el modo en que vivo mi vida.

Pásate del «cerrado» al «abierto»

A menudo me refiero a una actitud abierta de miras y el modo en que mis actitudes han cambiado a medida que he ido via-

---

11. Numerosos estudios han vinculado el gluten y la enfermedad celíaca a la depresión y a otros problemas de salud mental. Un estudio de 2006 realizado en la Clínica Mayo descubrió un vínculo entre la enfermedad celíaca y la demencia y otras formas de deterioro cognitivo. FUENTE: *Archives of Neurology*, Josephs, KA et al., octubre de 2006.

jando por el mundo. Ahora demostraré cómo una falta de apertura mental en tu día a día incide en el modo en que te sientes y actúas.

Por ejemplo, supongamos que sufres dolor de cabeza.

Le dices al médico: «Me duele la cabeza». Él contesta: «De acuerdo, tenemos una cura para ello», y te receta una pastilla que trata los síntomas, pero no la causa. Éste es el modo en que suele funcionar la medicina occidental. Las medicinas de otras culturas (la china, la ayurvédica) se centran en tratar la causa raíz. A veces la «cura» es tan sencilla como beber un vaso de agua (a fin de cuentas, la deshidratación puede provocar jaquecas). Pero el médico occidental tiene su propia formación y experiencia, y es lo único que conoce. Por mi experiencia, la mayoría de médicos que estudian una especialidad de la medicina occidental no dedican tiempo a familiarizarse con las terapias alternativas. O incluso con aspectos de la medicina que se salgan de su especialidad. No pienses ni por un momento en que me estoy burlando de la medicina occidental. Créeme, si sufro una lesión en la rodilla y necesito cirugía para reconstruirla, no dudaré ni un minuto en llamar al mejor médico de medicina occidental.

Esto nos lleva de nuevo a cómo intento absorber y aunar las experiencias de las personas que he ido conociendo en todas las partes del mundo para crear una estrategia que funcione para mí. Si todos hiciéramos lo mismo, viviríamos en un mundo más feliz y pacífico. Y todos estaríamos más sanos. La vida es una obra en construcción, pero el avance sólo se produce si abres tus miras y tu corazón. Si no es así, entonces eres fácilmente manipulable.

Ya me he referido antes a esta idea, pero ahora debo prestarle más atención: muchas personas creen que el escepticismo les impide ser manipulados. La mentalidad de hoy en día tiende a la lógica, la racionalidad y la modernidad: «Dame una prueba de que esto funciona». Y el escepticismo suele estar garantizado. Por ejemplo, Internet nos da acceso a toda clase de información «de peso», pero ¿cómo podemos cerciorarnos de su veracidad? Tenemos que darnos cuenta de que todos los consejos de «expertos» tienen un trasfondo, y que la mayoría de personas, aunque intenten ayudarte con la mejor de las intenciones, lo harán de un modo en el que también ellos salgan ganando. Es importante cuestionar tanto la información «comprobada» como la nueva: ¿qué ganan las fuentes que la proporcionan? Hazlo sin dejar que el escepticismo te cierre las puertas a nuevas ideas. Tal como comenté al inicio de este libro: sólo tú puedes ser la autoridad máxima sobre ti mismo. A veces tienes que probar cosas nuevas y hacerte nuevas preguntas para descubrir tu propia prueba: «¿Esto funciona para mí?»

¿Conoces las implicaciones de todo esto? Analízate a ti mismo por unos instantes. Esta operación requiere apertura mental.

No todas las personas pueden hacerlo o están dispuestas a hacerlo.

Volvamos al ejemplo del dolor de cabeza. Una pastilla puede ser la forma más rápida de hacer desaparecer una jaqueca. Pero tu cuerpo ha asimilado una pastilla. Según la pastilla que tomes, puedes estar causando un daño a tu hígado o estómago. ¿Y si vuelve a dolerte la cabeza esta misma noche?

¿O mañana? ¿Tomarás más pastillas? Ahora bien, si estás dispuesto a abrirte de mente y formularte algunas preguntas, empieza con las siguientes:

> *¿Cuánta agua bebo?*
> *¿Cuánto estrés soporto?*
> Y la más importante de todas: *¿Qué como?*

Hacerte estas preguntas y mejorar estos tres ámbitos puede ayudarte mucho a reducir tu dolor de cabeza sin tomar ningún medicamento. Los fabricantes de fármacos y de suplementos alimenticios contactan conmigo continuamente. Existen pastillas y suplementos para todo. Pero la respuesta no radica en una pastilla.

Todo se reduce a estar atento. Yo dependo de mi cuerpo. Es posible que creas que tú no dependes tanto del tuyo porque trabajas en un despacho. Pero sí que dependes de él. Tienes que rendir bien en tu trabajo. ¿Y en casa? ¿Acaso no hay personas que dependen de ti? Cuando no cuidas de tu cuerpo, éste te envía señales: cansancio, insomnio, calambres, resfriados, gripes, alergias.

Cuando eso ocurre, ¿te harás las preguntas importantes? ¿Las contestarás con honestidad y una mente abierta?

Espero que sí. Yo he aprendido a hacerlo, y ahora conozco suficientemente bien mi cuerpo como para detectar cuándo algo no funciona y qué es lo que necesito para mejorarlo. Este grado de apertura es importante, porque determina tu nivel de energía. Según mi experiencia, las personas abiertas de miras irradian una energía positiva. Las personas con una mente cerrada irradian negatividad. ¿Recuerdas el experimento con el agua, en el que el agua rodeada de energía negativa se echaba a perder?

Tal vez estás empezando a comprender a lo que me refiero.

La medicina oriental te enseña a alinear la mente, el cuerpo y el alma. Si albergas sentimientos positivos en tu mente —amor, alegría, felicidad—, tu cuerpo se verá beneficiado. A mí me gusta reunirme con un gran número de personas, especialmente me gusta rodearme de niños. Los niños sólo irradian energía positiva. Están abiertos a cualquier cosa. Son entusiastas, curiosos, y esperan la mínima oportunidad para echarse a reír. Me esfuerzo todo lo posible para conocer a mi afición, firmar autógrafos y posar en fotos. Es algo que mis seguidores me agradecen, pero a mí también me sirve. Recibo una energía sumamente positiva de estos grupos humanos, y necesito esta energía positiva para tener éxito. Las personas que me animan, que se detienen para saludarme, no tienen ni idea de lo importantes que son para mi triunfo.

Pero muchas personas, especialmente las que son estrechas de miras, viven dominadas por el temor. El miedo y la ira son las energías más negativas que tenemos. ¿De qué tienen miedo las personas estrechas de miras? Puede ser de muchas cosas: miedo a equivocarse, miedo de que a los demás les vaya mejor, el miedo al cambio. El miedo limita tu capacidad para vivir tu vida.

Otra cosa que he visto en mis viajes es que algunas personas que han llegado a lo más alto alimentan la negatividad. Tal como yo lo veo, las empresas farmacéuticas y alimentarias quieren que las personas tengan miedo. Quieren que estén enfermas. ¿Te has fijado en la gran cantidad de anuncios de medicinas y comida rápida que pasan por televisión? ¿Cuál es la finalidad de estos mensajes? *Nuestros productos te harán sentir mejor.* Pero si vamos incluso más allá: *Haremos que tengas miedo por no tener lo suficiente de lo que decimos que necesitas.* Es de locos. Aunque estés completamente sano, esas empresas dicen que necesitas ciertos suplementos para conservar ese estado.

Yo me guío por el siguiente patrón de vida: buena alimentación, ejercicio, apertura de mente, energía positiva, grandes resultados. He seguido esta pauta durante varios años. Funciona mejor que la alternativa contraria.

No tengas miedo de aceptar tu verdad, de cambiar y analizar. Pon las preguntas en perspectiva. Procura ser objetivo, pero no escéptico. Cíñete a lo positivo. Esa energía llenará tu cuerpo y mejorará literalmente tu estado de salud, tu condición física y tu rendimiento global.

¿En qué estás pensando?

Hay un método importante que utilizo para conservar mi nivel de energía, incluso cuando se filtran sentimientos negativos.

A nivel emocional, mis momentos «bajos» son por lo general bastante altos. Incluso los días en los que no me siento bien, cuando empiezo mi rutina y me sumerjo en ella, lanzo todas las pelotas con propósito. ¿Cómo evito que mis «bajones» sean más pronunciados? La clave está en cómo piensas, o al menos como intento pensar la mayor parte del tiempo. No es una verdad absoluta que siempre funciona. Pero obra milagros.

Los psicólogos lo llaman un estado de atención plena. Se trata de un tipo de meditación en el que, en vez de tratar de silenciar tu mente o hallar la «paz interior», permites y aceptas tus pensamientos tal como vienen, objetivamente, sin juzgarlos, mientras eres consciente de ese momento en tiempo real. La objetividad es la clave. Es la manera en la que entro en contacto con mi cuerpo en un momento determinado y cómo mis pensamientos tienen un efecto directo en él. Entonces puedo analizar los pensamientos sin juzgarlos. Este proceso me aporta claridad.

Dedico quince minutos al día a esta práctica, y es tan importante para mí como lo pueda ser el entrenamiento físico. La práctica es muy sencilla. Empieza con cinco minutos (utiliza el despertador de tu teléfono, si eso te ayuda). Siéntate en silencio, céntrate en tu respiración, en el momento, y en las sensaciones físicas que estás experimentando. Deja que tus pensamientos vengan a ti. Te llegarán a raudales. Pero debe ser así. Tu labor consiste en dejarlos entrar y salir. Procura recordar que las sensaciones físicas que estás registrando son reales, pero los pensamientos de tu mente no lo son. Son sólo invenciones. Tu objetivo consiste en aprender a discernir entre ambos.

El silencio es una parte importante de este ejercicio. Tal como mencioné anteriormente, ahora me gusta comer despacio y en silencio por la misma razón. Todo ello forma parte de cómo intento suministrar alimentos saludables y energía positiva a mi cuerpo para energizarme. Hay demasiado ruido urgente revoloteando en nuestras vidas cuya única finalidad es provocar estrés. La atención consciente es una forma de reducir esa tensión y limitarse a… ser.

Si realizas esta práctica con regularidad, aunque sea por un breve espacio de tiempo, recibirás información sorprendente sobre ti mismo porque estás prestando atención al momento y, en última instancia, te das cuenta de él. En mi caso, me di cuenta de la gran cantidad de energía negativa que había dejado circular por mi mente. Cuando me centré en retroceder un paso atrás y contemplé mis pensamientos objetivamente, lo vi claro: albergaba muchas emociones negativas. Dudas sobre mí mismo. Ira. Preocupación por mi vida, por mi familia. El miedo a no ser lo suficientemente bueno. Miedo a que mi entrenamiento no fuera el óptimo. Creía que el modo de enfocar un partido era incorrecto. Creía que estaba perdiendo mi tiempo y mi potencial. Y luego están las pequeñas batallas: las discusiones imaginarias que mantienes con personas que ni siquiera has visto ese día sobre temas que nunca surgen.

Seguramente pensarás: *¿Por qué quiero sacar a la luz toda esta porquería? Es horrible.* Pero no lo es. Resulta liberador. Debes comprender que no me recreo en estos pensamientos. Dejo que entren y salgan. Como soy consciente del momento presente, soy testigo de cómo recrearme en esta energía me desgasta.

Después de practicar meditación durante un tiempo, algo encajó: así es, sencillamente, cómo funciona mi mente. Malgasté un montón de tiempo y energía en mi «desbarajuste interior», o como se le quiera llamar. Estaba tan centrado en esta batalla interna que perdí de vista lo que estaba ocurriendo a mi alrededor, lo que ocurría en ese momento.

He practicado tanto la meditación consciente que ahora mi cerebro funciona mejor automáticamente, aunque no esté meditando. Solía quedarme inmóvil cuando cometía un error, y me acababa convenciendo de que no estaba al mismo nivel que los Federers y los Andy Murrays. Ahora, cuando cometo una doble falta o falló con el revés, sigo registrando estos instantes de duda, pero sé cómo gestionarla: reconozco los pensamientos negativos y dejo que se disipen, manteniéndome centrado en el momento presente. Esta atención consciente me ayuda a procesar el dolor y las emociones. Me permite centrarme en lo verdaderamente importante. Me ayuda a bajar el volumen de mi cerebro. Imagínate lo útil que resulta esta actitud en medio de un partido de un campeonato de Grand Slam. Por eso la atención consciente ha contribuido a dar forma a uno de los aspectos de mi filosofía sobre el deporte: si puedes centrarte en este partido, en este día, como lo más importante que puedes hacer en este momento, entonces obtendrás el mejor resultado posible.

Muchas personas me preguntan: «¿Cómo meditas? Parece una práctica extraña». Pero en realidad es muy sencillo. Empieza despacio, con meditaciones muy cortas. No tienes que cruzar las piernas y quemar una barrita de incienso y pronunciar «om». Puedes permanecer sentado en silencio, centrándote en tu respiración, o salir a dar un paseo y centrarte en cada paso que das. El objetivo no es meditar hasta no aguantar más. No es una actividad de resistencia. El objetivo de la meditación es hallar la calma, la concentración y la energía positiva.

La mayor dificultad de la meditación cuando empiezas a practicarla es dedicar un tiempo a uno mismo. Parece como si cada vez nos dedicáramos menos tiempo, pero no tenemos reparos en dedicarlo a cualquier distracción que incremente nuestro nivel de tensión. Antes pensaba que tenía que mantenerme «ocupado» durante todas las horas del día, pero cuando abrí mi mente aprendí a dedicarme el tiempo necesario. Mis comidas son momentos sagrados. Me gusta el silencio cuando puedo encontrarlo (a veces me obligo a ello y desaparezco durante un rato).

Para que estas prácticas tengan sentido para ti, tienes que aprender a buscar algo de tiempo en tu horario. Disfruta de una comida saludable, o sal a tomar el aire fresco. No creas que estás siendo «egoísta» o «vago», o cualquier otra denominación absurda que se te ocurra cuando necesites este tiempo de sosiego. Muchas personas creen que cuando no estás ocupado con algo estás perdiendo el tiempo o te comportas como un holgazán. Así es como me sentía yo antes de aprender a valorar y respetar ese tiempo.

Me ayuda a estar atento a las oportunidades que se presentan. Supongamos que tienes hijos, y cuidas de ellos todo el día, de repente, los tres niños están ocupados con algo, y dispones de diez minutos para ti. En vez de pensar «Tengo que hacer esto y lo otro», procura utilizar este tiempo para tomar conciencia del momento presente con tus pensamientos. Reconócelos. Déjalos partir.

Cuanto más practiques, mejor se te dará. En breve descubrirás que este tiempo es de vital importancia en tu día a día. Después percibirás los cambios en tu forma de pensar. La energía negativa se disipará. Dominará la positiva.

Te sentirás extraordinariamente bien.

La parte más importante de mi día

… es la noche.

Concretamente, el momento en el que mi cabeza se apoya sobre la almohada. Lo digo en serio. Trato el sueño con el mismo respeto que trato la alimentación, o mi plan de entrenamiento, o a mis rivales. Es así de importante.

La mayoría de personas no se toman el sueño en serio. Lo veo constantemente. Leí una estadística según la cual al menos una de cada cuatro personas no duerme lo suficiente. Si eres una de esas personas, seguro que notas las consecuencias de ello a diario.

Por esta razón nunca me salto una noche de sueño: el ejercicio y el sueño son como un matrimonio que nunca discute. Se complementan entre sí. ¿Cómo? Dormir a pierna suelta por la noche te ayuda a rendir físicamente. Si entrenas bien, eso realza la calidad de tu sueño. Te entrenas para mejorar tu cuerpo, y el sueño le permite recuperarse para estar fuerte al día siguiente. Hacer ejercicio te permite dormir mejor; dormir bien te permite ejercitarte a un nivel óptimo.

La gente suele olvidarse de ello o ignorar este hecho. (¡Si es la primera vez que oyes esta información, espero que la tengas en cuenta!) En realidad, entre los tres hábitos principales que aseguran un buen estado de salud —los dos primeros son alimentarte bien y hacer ejercicio—, el sueño suele pasarse por alto con mucha frecuencia. Si comes algo inconveniente o te saltas un ejercicio de entrenamiento, es posible que te sientas mal por ello, o como mínimo que reconozcas el fallo. Pero ¿qué ocurre si pierdes varias horas de sueño? ¿Y si las pierdes cada noche? Tienes la excusa de que estás muy ocupado. Estar ocupado es importante. Nadie se siente mal por estar ocupado. Pero ¿no estar ocupado? Eso da miedo.

Fijémonos en el sueño y cómo favorece a un cuerpo activo, de este modo cambiará tu actitud en este sentido.

Existen cuatro momentos del sueño. Los dos primeros son fases de transición del estado de vigilia, y suelen durar unos cuantos minutos cada uno. Pero cuando llegas a la tercera fase, la del sueño profundo, liberas una hormona del crecimiento, que ayuda a reconstruir los músculos y a reparar cualquier elemento de tensión. La fase cuatro es el sueño REM, es decir, cuando soñamos, y te ayuda a mejorar el aprendizaje y la cognición. Pasas por estos ciclos entre cuatro y seis veces cada noche. Tu cuerpo los necesita sin interrupción.

Cuando has dormido mal una noche, sabes que tu cuerpo se resiente por ello. Piénsalo. Cuando duermes poco, ¿te sientes lleno de energía positiva? Por supuesto que no. ¿Te apetece comer una ensalada? No, sólo quieres comer alimentos reconfortantes. Cuando no has dormido lo suficiente y tratas de hacer ejercicio, ¿cómo te sientes? Haces las rutinas con poco interés, o vas más lento de lo normal, o te las saltas por completo.

Ahora repasa estas mismas situaciones y compáralas con un día en el que hayas dormido bien. Te sientes estupendamente, tienes ganas de comer como un campeón, y estás mental y físicamente preparado para emprender toda una rutina de ejercicios. Empieza un ciclo positivo porque ese gran entrenamiento te ayuda a conciliar el sueño a la noche siguiente.

Pues bien, dicho esto, cabe añadir que hay un montón de factores que conspiran para alterar mis pautas de sueño. Viajo.

Cambio de franjas horarias. A veces me veo obligado a dormir menos de lo que me gustaría. Aprovecho para dormir cuando y donde puedo. Pero también recurro a algunos trucos para asegurar la calidad del sueño en la medida de lo posible.

1. **Sigo una rutina cuando es humanamente posible.** Trato de acostarme a la misma hora cada noche —entre las once y las doce—. Intento también levantarme a la misma hora por la mañana, sobre las siete, incluso los fines de semana. Esto favorece la precisión de mi reloj corporal. Me expone a una pauta regular de luz y oscuridad, y ayuda a mi organismo a adaptarse a una nueva franja horaria. Cuando sigo este horario, todo marcha en sintonía y mi entrenamiento mejora.

2. **No tomo cafeína.** Antes he reconocido que tomo un gel energético con anterioridad a un partido, pero eso es lo máximo que me permito. El alcohol y la cafeína perjudican la capacidad de tu cuerpo para regular su reloj interno.

3. **Disminuyo el nivel de actividad con actividades útiles.** Los momentos antes de acostarse son idóneos para practicar la meditación consciente. Tu casa está en silencio. Practicar unas cuantas posturas y estiramientos de yoga también sienta estupendamente. A veces leo. Mi novia, Jelena, y yo escribimos un diario y utilizamos los momentos de sosiego por la noche para apuntar nuestros pensamientos y reflexionar sobre la jornada.

4. **Me aíslo del mundo.** Algunos amigos y familiares míos han probado las máquinas de sonidos relajantes para conciliar el sueño, y los resultados han sido óptimos. Pueden ayudarte a contrarrestar el ruido de los vecinos, el televisor

o cualquier otra alteración sonora que te impida conciliar y mantener el sueño. Los tapones para los oídos y los antifaces también ayudan, especialmente en viajes largos de avión.

5. **Si me despierto antes de tiempo, conservo la calma.** Solía ponerme nervioso cuando me despertaba antes de tiempo, y me quedaba mirando al techo enfadado por perderme horas de sueño. A veces me levantaba y hacía algún recado. Ahora utilizo ese tiempo para practicar la meditación consciente. Esto me ayuda a volver a conciliar el sueño o impide que me ponga nervioso por no poder hacerlo.

6. **Tomo suplementos de melatonina.** La melatonina es una hormona natural que ayuda a tu cuerpo a recuperarse del *jet lag* y recobrar el ritmo circadiano después de un viaje largo. La mayoría de jugadores profesionales que conozco la toman sin pensárselo dos veces.

7. **Cuando me despierto por la mañana, busco el sol.** Aparto las cortinas y dejo que entre la luz del sol por la ventana. A veces salgo al exterior para sentir el sol en mi rostro. Me ayuda a despertarme. La luz permite que mi cuerpo y mi cerebro asimilen que es hora de empezar a trabajar.

Mi arma secreta: las amistades

He tenido mucho éxito en la vida, y por muy extraño que pueda parecer, el éxito siempre puede hacer aflorar energía negativa, tanto dentro de uno mismo como en otras personas. Un tema que siempre sale a colación cuando se habla de éxito es el dinero. En cada torneo, los comentaristas y los periodistas deportivos se entusiasman hablando de las cifras que se lleva el ganador: «Si gana este partido, ganará X dólares, o Y euros, o Z lo que sea».

Yo intento mantener una actitud positiva ante los aspectos negativos del dinero, pero también soy sincero en cuanto a la importancia que tiene el dinero en la vida. Soy plenamente consciente de lo que el dinero representa, y de que la vida puede ser mucho más llevadera si tienes grandes cantidades de dinero. En primer lugar, te ahorra tiempo. No tengo que preocuparme por pagar facturas ni poner comida sobre la mesa. Disfruto de algunas de las comodidades que comporta. Mi familia también dispone de una casa, coches y artículos necesarios que antes no teníamos. Pero eso no lo es todo. Lo sé y me centro en ello. Mis amigos y mi familia se aseguran de que las recompensas de mi éxito no me conviertan en una persona consentida.

Eso me lleva a otro aspecto fundamental que me mantiene en la dirección correcta, un factor que disipa gran parte de la tensión que comportan el dinero y el éxito: las personas que me rodean.

Soy muy cuidadoso con las personas que me rodean. Paso casi todos los momentos del día con mi fisioterapeuta, mi representante y mis entrenadores. Mi novia está conmigo la mayor parte del tiempo, y mis padres también suelen estarlo. Son personas muy modestas y humildes que llevan una vida normal y corriente. También han tenido que atravesar buenos y malos momentos. Están conmigo para echarme una mano y prestarme ese apoyo adicional. Cuando paso por un mal momento, puedo recurrir a ellos para pedirles consejo y hallar consuelo.

Se trata de un aspecto sumamente importante. La gente cree que el tenis es un deporte individual, un jugador enfrentándose a su contrincante al otro lado de la red. Ésa sería una interpretación literal de este deporte, pero no es así. Se trata de un esfuerzo conjunto. Todo lo que he logrado ha sido como resultado de un esfuerzo de equipo. Todo el mundo realiza su labor, y todos trabajamos en armonía y entendemos qué hacen los demás y por qué. Tengo que trabajar de este modo. Favorece el espíritu de equipo, una fuerza impulsora del éxito.

Veo a las personas que me rodean como si fueran mi familia (algunas de ellas son realmente miembros de mi familia), y baso nuestra relación, en primer lugar, en la amistad, y después en lo profesional. No puedo trabajar de otro modo. Necesito conectarme con las personas que me rodean, ser capaz de compartir con ellas mis pensamientos, buenos y malos, y los grandes sentimientos de la vida: la felicidad y la alegría, la preocupación y la tensión.

Estas personas tienen que ocuparse de otro gran trabajo: asegurarse de que sigo siendo la misma persona que siempre he sido, con la misma filosofía y personalidad. No permiten que me olvide de quién soy y de dónde nací. Ésa es su misión, y se la toman en serio.

Hace poco, mi entrenador, Miljan, me hizo un bonito cumplido. Me dijo: «Hace dos años ganaste todos esos torneos: los Grand Slams, y has seguido ganando desde entonces, pero tu mejor logro es que no has cambiado. Sigues siendo la misma persona».

Será mejor que me siga regalando estos comentarios. Soy el padrino de su hija.

Estoy bromeando, pero con ello pretendo plasmar el hecho de que nuestra relación va más allá de la que tiene un jugador con su entrenador. Él es uno de mis mejores amigos. Nuestra relación tiene un valor incalculable para mí.

Seguramente recordarás la cita de Winston Churchill del principio del libro: «Vivimos con lo que ganamos, pero creamos una vida con lo que damos». En función de lo que das a las personas que te rodean, así crece tu alma y creces tú como ser humano.

Amor, alegría, felicidad y salud: éstas son las cosas que siempre busco y nunca doy por sentadas. Siempre quiero ser consciente de mí mismo, de la vida, de las personas y del mundo que me rodea.

Es la mejor atención consciente posible, ¿verdad?

Todos estos aspectos favorecen mi éxito, pero hay otro que me motiva: la esperanza de que otras personas que vengan detrás de mí vean lo que he hecho, cómo lo he hecho y utilicen mi trabajo para impulsar sus propios logros. Este pensamiento, por sí mismo, me motiva para permanecer en un estado positivo y no desviarme de él. Siempre procuro mantener una actitud humilde, pero también sé que me he convertido en lo que soy a partir de la nada, y que eso no fue tarea fácil. Vengo de un lugar que quedó maltrecho por una guerra, sufrimos escasez de alimentos, restricciones, sanciones y embargos. No había tradición de jugar al tenis, y mi familia no tenía dinero para enviarme a participar en torneos. A pesar de todo ello, avancé hasta convertirme en el número uno del mundo.

Debido a estos factores, nadie podrá decirme: «Esto es imposible». Hubo un momento en el que parecía imposible, créeme. Muy pocas personas creían que podía conseguirlo. Hoy en día tengo la suerte de estar rodeado de las personas que creyeron en mí y me permitieron ser lo que soy. Por eso digo: «Las personas que te acompañan son lo que eres». Piensa en ello —y en todo lo que he descrito en este capítulo— mientras intentas alcanzar el éxito. Estas creencias conforman la base de mi vida.

Conservar un centro de atención puede ser sumamente difícil. Todo el mundo tiene que hacer frente al estrés, los nervios y la frustración: hoy no me siento bien, y me quejo de esto y de lo otro. Es normal pensar así porque somos seres humanos. Pero recuerda: el grado de control que tienes sobre ti mismo para superar estos sentimientos determina la calidad de tu vida. Mi calidad de vida la conforman las personas que me rodean, y mi amor por ellas; me recuerdan a diario que me centre en lo que es importante, y que deje a un lado mis frustraciones y miedos. Si mi carrera llegara a su fin mañana, y mis amigos y familia fueran lo único que me quedara, eso sería más que suficiente.

CAPÍTULO 7

Entrenar el cuerpo

UN PLAN SENCILLO DE PREPARACIÓN
FÍSICA PARA TODO EL MUNDO

P ERMANEZCO DESPIERTO unas dieciséis horas al día, y probablemente catorce de esas horas se invierten (a) jugando al tenis, (b) entrenándome para jugar al tenis o (c) comiendo para rendir mejor en el tenis. Eso es lo que hago a diario durante once meses al año, porque eso es lo que dura una temporada de tenis profesional. (Durante mis primeras semanas libres a principios del mes de mayo, sigo invirtiendo la mayor parte del tiempo haciendo a, b y c, pero también dedico mucho tiempo al excursionismo, a navegar en kayak y a montar en bicicleta.)

Eso es lo que cuesta mantenerse en la posición número uno y medirse con los atletas mejor preparados y más competitivos del mundo: una preparación mental y física constante e inquebrantable, catorce horas al día, siete días a la semana.

Así que ¿estás listo para empezar?

¿No?

Tiene sentido. Probablemente mis necesidades físicas no se equiparan con las tuyas. (Y si son como las mías, contarás con tu equipo de entrenadores y preparadores y jugarás conmigo el próximo fin de semana en París.)

Aun así, quiero mostrarte algunos de los ejercicios que practico y que podrían ser muy beneficiosos para ti. No son rutinas y tablas enteras de ejercicios. Son pequeñas prácticas que puedes añadir a tu plan de ejercicios actual, y que ayudan a cualquier persona a mejorar su estado físico. Debes comprender que los cambios dietéticos descritos en este libro te harán sentir cada vez mejor. Deberías aprovecharte de ello para incrementar el rendimiento en tu entrenamiento físico, sea cual sea. Tanto si te dedicas a correr grandes distancias como si levantas pesas o juegas al tenis (por descontado, yo lo recomiendo), estos pequeños consejos en tu tabla de ejercicios físicos te ayudarán.

No se trata sólo de mejorar tu estado de forma, aunque también lo favorecen. Facilitan tu rendimiento porque, por ejemplo, ayudan a tu cuerpo a calentarse con mayor efectividad antes de una sesión de ejercicios. Favorecen la flexibilidad. Ayudan a controlar el estrés. También son estupendos para cubrir una faceta importante del entrenamiento físico que suele obviarse: la recuperación.

Ten en cuenta lo siguiente: estos ejercicios me dieron una ventaja. No podría jugar al nivel que juego ahora sin ellos.

Lograr una flexibilidad «real»

En mi caso, cada práctica, cada sesión de preparación física, cada partido empieza de la misma manera: entre diez y quince minutos de movimiento. Puede consistir en correr o subirme a una bicicleta en un gimnasio y hacer seguidamente una tanda de estiramientos dinámicos en las barras de aparatos. Ninguno de estos ejercicios es demasiado intenso, sólo me sirve para calentar los músculos. Si monto en bicicleta, la activo en el nivel uno o dos. Como tengo que tener mucho cuidado en no lesionarme, ni siquiera juego un partido amistoso de recaudación de fondos para una organización benéfica sin un precalentamiento adecuado. Primero la seguridad.

Luego realizo una serie de estiramientos dinámicos para que mi cuerpo vaya despertando de verdad. Si no estás familiarizado con esta terminología, debes comprender que existen dos clases de estiramiento: el estático y el dinámico. El estiramiento estático es lo que hacíamos de niños en la clase de gimnasia, es decir, mantener una postura durante treinta segundos. Eso no me ayuda demasiado. Cuando aprendí a estirarme de forma dinámica (algo que explicaré con todo detalle a continuación), pude sentir que mi cuerpo estaba verdaderamente a punto para iniciar una sesión intensa de entrenamiento. También podía notar una especie de flexibilidad liviana que no requería esfuerzo.

Para mí, la «auténtica» y «verdadera» flexibilidad no consiste en ver si puedo agacharme y tocarme los dedos de los pies (aunque pueda hacerlo). No se trata de ser un contorsionista. Se trata de ver si mi cuerpo es capaz de realizar los movimientos que necesito para ganar. Los estiramientos dinámicos me ayudan porque la base «dinámica» y de movimientos de este tipo de estiramiento se fundamenta en acciones del mundo real. Por eso me gusta tanto: facilita todos mis movimientos. El estiramiento dinámico también estimula tu sistema nervioso central e incrementa el flujo sanguíneo, así como la resistencia y la fuerza. Por eso constituye un calentamiento ideal para cualquier actividad.

He aquí mi recomendación: corre cinco minutos a ritmo ligero o pedalea en la bicicleta estática para preparar tu cuerpo e incrementar tu ritmo cardíaco. Luego pasa directamente a los ejercicios de estiramiento dinámico. Haz diez repeticiones de cada uno de ellos sin descansar (a medida que tu cuerpo se va acostumbrando a estos movimientos, puedes aumentar las repeticiones a quince o incluso veinte). No deberías tardar más de cinco minutos en hacerlas, y cuando las hayas completado, tendrías que empezar a sudar… Eso es bueno, significa que el precalentamiento funciona.

Saltos. Probablemente ya sabes hacerlos, pero lo explico por si acaso: en posición erguida con los pies juntos y las manos a los costados. En un único movimiento simultáneo, levanta los brazos por encima de la cabeza y da un salto de manera que separes los pies, luego invierte rápidamente el movimiento y repite.

Caminar subiendo las rodillas. En posición erguida con los pies alineados con los hombros. Con los hombros hacia atrás y la espalda erguida, levanta tu rodilla izquierda tan alto como puedas y da un paso adelante. Repite con la pierna derecha. Sigue alternando hacia atrás y adelante.

Caminar estirando y levantando las piernas. En posición erguida con los pies alineados con los hombros. Camina levantando una pierna, con la rodilla recta, al tiempo que intentas tocarla con el brazo contrario estirado. Tan pronto como tu pie derecho toca el suelo, repite el movimiento con tu pierna izquierda y el brazo derecho. Alterna hacia atrás y adelante.

Sentadillas. En posición erguida con los pies separados a la altura de los hombros y los brazos estirados a ambos costados. Agacha tu cuerpo todo lo que puedas hasta quedar en cuclillas. Luego coloca las manos en el suelo delante de ti, apoyando el peso de tu cuerpo en ellas. Estira las piernas hacia atrás, de modo que quedes en una postura de abdominales. Vuelve a ponerte de cuclillas. Levántate y repite.

Paso con entrada a fondo con torsión lateral. En posición erguida, da un paso hacia delante con tu pierna derecha y agáchate hasta que tu rodilla derecha forme un ángulo de noventa grados (no permitas que tu rodilla izquierda roce el suelo). A continuación, alza el brazo izquierdo sobre la cabeza e inclina el torso hacia el costado derecho. Apóyate en el suelo con la mano derecha si necesitas recuperar el equilibrio. Vuelve a la postura de partida.

Completa la serie de repeticiones, luego repite el ejercicio con la pierna izquierda.

Paso con entrada a fondo con estiramiento hacia atrás. En posición erguida, estira la pierna derecha hacia atrás, hasta que tu rodilla izquierda forme un ángulo de noventa grados (no dejes que tu rodilla derecha roce el suelo). Mantén el torso erguido, extiende los brazos por encima de los hombros hacia la izquierda. Invierte el movimiento para regresar a la posición de punto de partida.

Completa tu serie de repeticiones. Luego estira tu pierna izquierda hacia atrás y extiende los brazos por encima de los hombros hacia la derecha. Completa la serie de repeticiones.

Estiramiento alterno lateral de piernas. En posición erguida, con los pies separados a una distancia del doble de la anchura de tus hombros, mirando hacia delante. Junta las manos delante de tu pecho.

Lleva el peso de tu cuerpo a la pierna derecha y agáchate dejando caer las caderas y doblando la rodilla derecha. La parte inferior de tu pierna izquierda debería quedar casi en paralelo con el suelo. Tu pie derecho debería quedar plano en el suelo.

Sin volver a ponerte en posición erguida del todo, repite el ejercicio depositando todo el peso en la pierna izquierda.

Estiramiento invertido de los músculos isquiotibiales. En posición erguida deposita tu peso sobre tu pierna izquierda con la rodilla ligeramente doblada. Levanta un poco el pie derecho del suelo. Brazos a los costados. Sin cambiar el ángulo de tu rodilla izquierda, inclínate a la altura de las caderas y haz descender el torso hasta que quede paralelo con el suelo y tu pierna derecha quede detrás de ti en toda su extensión.

Mientras te inclinas, levanta los brazos de ambos costados hasta que queden a la altura de los hombros con las palmas mirando hacia abajo. Tu pierna derecha debería quedar alineada con tu cuerpo mientras haces descender el torso.

Vuelve a la posición de partida. Acaba la serie de repeticiones con tu pierna izquierda, luego haz lo mismo con la derecha.

Gusano. En posición erguida con las piernas juntas. Inclínate y coloca las manos en el suelo (es posible que tengas que inclinar las piernas para hacer eso). Desplaza las manos hacia delante hasta que notes que las caderas se comban. Cuando tu cuerpo esté estirado, detente, luego da unos pasitos con los pies hacia las manos mientras tu trasero sobresale y tu cuerpo se levanta. El ejercicio imita la forma de desplazarse de un gusano. Ésta es una repetición. Desplaza las manos hacia delante cinco veces, y luego desplázalas hacia atrás otras cinco. Para invertir el movimiento, inclínate y coloca las manos en el suelo, luego retrocede unos pasos tanto como te sea posible. Cuando ya te hayas estirado, detente y desplaza las manos hacia tus pies.

Date un masaje

Para un jugador de tenis, la recuperación es un objetivo fundamental. Es posible que a las once de la noche estés agotado después de un feroz partido de cuatro horas y tengas que jugar otro a la tarde siguiente. Por eso recibo masajes a diario para que mis músculos se recuperen y mi cuerpo procese las toxinas que se acumulan durante un largo partido o sesión de entrenamiento. Considero que el masaje es una necesidad, no un lujo. Para la mayoría de personas es lo contrario, y lo entiendo perfectamente porque supone un gasto. Pero si puedes invertir en un masaje profesional aunque sea una vez al mes, notarás los resultados a largo plazo.

No se trata sólo de que tus músculos se tensan, se desgarran y necesitan reparación. Por ejemplo, el masaje es una forma óptima de mantener flexible la fascia de tu cuerpo. La fascia es una estructura de tejido conectivo muy resistente, de apariencia membranosa, que conecta y envuelve todas las estructuras corporales. Actúa como superficie de apoyo y absorbe los golpes. (Es algo parecido a cuando cortas una pechuga de pollo: esa lámina fina y blanca que parece plástico es la fascia.) Si se tensa, tus músculos no pueden funcionar adecuadamente, y puedes sufrir lesiones o dolor. Un masaje común puede favorecer la flexibilidad y la salud de tus músculos y de la fascia.

¿Qué dirías si pudieras darte un masaje cada día gastándote unos veintipico euros una sola vez?

Todo ello me lleva a otra parte importante de mi entrenamiento global: la utilización del rodillo de espuma. Los rodillos de espuma de polietileno miden cerca de un metro y pueden comprarse en una buena tienda de deportes. Básicamente se trata de hacer rodar las distintas partes de tu cuerpo sobre el rodillo, y es como si te dieran un masaje. Relajarás el tejido conectivo espeso (como la fascia) y se reducirá la rigidez de tus músculos. ¿El resultado? Una mejor flexibilidad y movilidad, y los músculos pueden funcionar adecuadamente. Puedes hacer ejercicio con este tubo en cualquier momento, aunque estés hablando por teléfono. (¿Estás de viaje y no llevas al rodillo? ¡Utiliza una pelota de tenis!)

Si nunca has utilizado el rodillo, te advierto: al principio puede ser doloroso. Pero todos los preparadores físicos que conozco aseguran que las zonas que duelen son precisamente las que tenemos que trabajar. Significa que un músculo de esa zona está tenso y requiere atención. La buena noticia es que si practicas a menudo el dolor irá remitiendo porque favorecerás la flexibilidad del músculo.

¿Cómo se hace? Muy sencillo: haz rodar sobre el rodillo la zona de cada músculo que trabajes hacia delante y hacia atrás durante treinta segundos. Si te encuentras con una zona dolorosa, dedícale entre cinco y diez segundos. Eso es todo.

Músculos isquiotibiales. Coloca el rodillo debajo de la rodilla derecha con la pierna extendida. Cruza la pierna izquierda sobre tu tobillo derecho. Coloca las manos planas sobre el suelo para tener un punto de apoyo. Mantén la espalda arqueada de forma natural.

Desplaza el cuerpo sobre el rodillo hacia delante hasta que los glúteos descansen sobre él. Luego rueda hacia atrás y hacia delante. Repite el ejercicio con el cilindro debajo del muslo izquierdo. Si tienes dificultades para dar pasadas con una pierna, haz este mismo movimiento con ambas piernas sobre el cilindro.

Glúteos. Siéntate con el cilindro situado en la parte trasera de tu muslo derecho, justo por debajo de tus glúteos. Cruza el tobillo derecho encima de tu muslo izquierdo. Coloca las manos en el suelo para tener un punto de apoyo.

Desplaza el cuerpo hacia delante hasta que la parte inferior de tu espalda esté en contacto con el cilindro. Luego rueda hacia atrás y hacia delante. Repite el ejercicio con el cilindro situado debajo de tu glúteo izquierdo.

Banda iliotibial. Tu banda iliotibial —llamada banda IT— es una zona de tejido conectivo que discurre por un costado del muslo desde el hueso de la cadera hasta la parte inferior de la rodilla. Una banda IT contraída puede provocar bursitis en la cadera o dolor de la rodilla.

Túmbate sobre el costado izquierdo con la cadera izquierda sobre el cilindro. El cilindro debe formar una perpendicular con la pierna. Coloca ambas manos en el suelo delante de ti para tener un punto de apoyo. Cruza la pierna derecha sobre la izquierda y coloca la planta del pie derecho sobre el suelo.

Desplaza tu cuerpo, haciendo ajustes con las manos cuando sea necesario, hasta que la rodilla descanse sobre el cilindro. Luego rueda hacia arriba y hacia abajo. Túmbate sobre el costado derecho y repite el ejercicio con el cilindro debajo de tu cadera derecha. (Si con el tiempo te resulta muy fácil, coloca la pierna derecha sobre la izquierda, en vez de apoyarla en el suelo.)

Pantorrillas. Coloca el cilindro debajo de tu tobillo derecho, la pierna derecha recta, y el cilindro perpendicular a la pierna. Cruza la pierna izquierda sobre el tobillo derecho. Coloca las palmas de las manos sobre el suelo para tener un punto de apoyo y arquea la espalda.

Desplaza tu cuerpo hacia delante hasta que el cilindro esté debajo de la parte trasera de tu rodilla derecha. Luego rueda hacia arriba y hacia abajo. Repite el ejercicio con el cilindro debajo de tu pantorrilla izquierda. (Si te cuesta mucho, haz este movimiento con ambas piernas sobre el cilindro.)

Cuádriceps y flexores de la cadera. Túmbate boca abajo en el suelo con la parte inferior de tu muslo derecho sobre el cilindro. Cruza la pierna izquierda sobre tu tobillo derecho y apóyate en el suelo con los codos.

Desplaza tu cuerpo hacia atrás hasta que el cilindro esté debajo de la parte superior de tu muslo derecho. Luego rueda hacia delante y hacia atrás. Repite el ejercicio con el cilindro debajo de tu muslo izquierdo. (Si te cuesta mucho, haz este movimiento con ambos muslos sobre el tubo.)

Ingle. No es tan divertido como parece. Túmbate boca abajo apoyándote en el suelo con los codos. Coloca el cilindro a un costado, de manera que quede en paralelo con tu cuerpo. Levanta tu muslo derecho hasta que forme una perpendicular aproximada con tu cuerpo, y de manera que la parte interior del muslo, justo por encima del nivel de tu rodilla, descanse sobre el cilindro.

Rueda tu cuerpo hacia la derecha hasta que la pelvis descanse sobre el cilindro. Luego rueda hacia atrás y hacia delante. Repite el ejercicio con tu muslo izquierdo sobre el cilindro.

Parte inferior de la espalda. Túmbate boca arriba con la zona inferior de la espalda apoyada sobre el cilindro. Cruza los brazos por encima del pecho y flexiona las rodillas, manteniendo los pies firmemente apoyados en el suelo. Levanta ligeramente las caderas del suelo. Rueda hacia atrás y hacia delante recorriendo toda la región del sacro.

Parte superior de la espalda. Túmbate boca arriba con la zona media de la espalda a la altura de la parte inferior de tus omoplatos, sobre el cilindro. Entrecruza las manos por detrás de la cabeza y acerca los codos entre sí. Levanta ligeramente las caderas del suelo.

Rueda despacio de modo que puedas encorvar la parte superior de la espalda sobre el cilindro. Vuelve a la posición inicial y rueda unos cinco centímetros de modo que la parte superior de la espalda descanse sobre el cilindro. Repítelo. Hazlo de nuevo. Esto es una repetición.

Omoplatos. Túmbate boca arriba con la parte superior de los omoplatos apoyada sobre el cilindro. Cruza los brazos por encima del pecho. Las rodillas deberían quedar dobladas con las plantas de los pies apoyadas en el suelo.

Levanta las caderas ligeramente del suelo. Rueda hacia atrás y hacia delante desde los omoplatos hasta la zona media de la espalda.

Entrena tu cuerpo y tu mente

Practico el yoga por varias razones. En primer lugar, me ayuda a mantenerme ágil y relajado. A veces mi espalda y caderas se tensan, y el yoga es un remedio estupendo para este tipo de tensión. Las secuencias de respiración también me ayudan a despejar la mente. Hace unos años, practicaba el yoga a diario, pero ahora lo hago para complementar mi entrenamiento, especialmente entre torneos. Si mi cuerpo me indica que estoy un poco tenso o que acumulo más tensión de la que debería, hago una sesión de yoga.

El yoga es una práctica antigua, así que millones de personas a lo largo de miles de años no pueden equivocarse. He logrado crear una breve rutina con movimientos muy básicos, pero es posible profundizar más en esta práctica. Recomiendo buscar una buena clase de yoga y asistir con regularidad. (Sé que algunas personas son escépticas sobre los beneficios del yoga, pero es una práctica estupenda para la flexibilidad y la preparación atlética de tu cuerpo. La mayoría de atletas que conozco lo practican de un modo u otro.)

Practico los movimientos basados en los cuatro animales: conejo, gato, perro y cobra. Estos cuatro movimientos hacen estirar la mayor parte de mi cuerpo y crean una rutina muy relajante. El momento idóneo para practicar esta rutina es después de una sesión de entrenamiento, o bien por la noche antes de acostarse, pues el yoga contribuye a eliminar el estrés y a darte flexibilidad.

Mantén cada *asana*, o postura, entre treinta segundos y un minuto, respirando lenta y profundamente por la nariz. *La respiración es la clave*. Los que se inicien en el yoga deberían hacer ajustes en las posturas que les resulten muy difíciles (con el tiempo no cuestan tanto).

Conejo. Arrodíllate, estira el torso hacia delante y con la espalda recta extiende los brazos y apoya las manos en el suelo. Tus caderas deben estar alineadas con las rodillas y los hombros con las muñecas. Lleva tu trasero hacia los talones. Estira los brazos y acerca la frente al suelo. (Utiliza las manos para empujar tu cuerpo hacia atrás hasta que el trasero esté lo más cerca posible de los talones.)

Gato. Desde la postura del conejo, vuelve a la postura inicial apoyándote sobre las manos y las rodillas. Arquea la espalda hacia el techo como hacen los gatos, espirando a medida que ejerces presión sobre las palmas de las manos en el suelo y hundes el coxis.

Perro. Esta postura se conoce también como «perro que mira hacia abajo». Vuelve a la postura de partida apoyándote sobre las manos y las rodillas. Ahora desplaza unos pocos centímetros hacia delante las manos. Levanta las caderas y lleva las piernas hacia atrás. Mientras mantienes los brazos estirados, ejerce presión contra el suelo con los dedos de los pies y las palmas de las manos.

Cobra. Extiéndete en el suelo boca abajo, coloca las palmas de las manos en el suelo, a la altura de los hombros, los pies y las rodillas juntas, los pies estirados, los codos flexionados, orientados hacia el techo y la frente apoyada en el suelo. Mientras inspiras, levanta lentamente la cabeza y luego la parte superior del tronco, casi sin apoyarte con tus manos. Debes hacer tracción con los músculos de tu espalda. Sólo al final te ayudarás con las manos, procurando no elevar la parte inferior del cuerpo.

CAPÍTULO 8

La alimentación del campeón

RECETAS QUE IMPULSAN MI ÉXITO

HOY EN DÍA NO HAY ESCASEZ de alimentos exentos de gluten y de productos lácteos, incluso en los restaurantes tradicionales y en las tiendas de alimentación. Pero, tal como ya he mencionado anteriormente, allí donde vaya busco hoteles con cocina en la habitación. Siempre me siento mejor cuando sé exactamente lo que voy a comer, y mi familia y yo invertimos mucho tiempo cocinando y comiendo juntos.

Estas recetas encajan a la perfección con mis recomendaciones dietéticas. Fueron creadas por la autora y chef Candice Kumai, quien tuvo la amabilidad de idearlas basándose en mis hábitos de alimentación, que, por cierto, ¡coinciden con los suyos! Tanto si eliges preparar estas recetas como cocinar tus platos preferidos o pedir la cena en un restaurante, recuerda que el modo en que comes es igual de importante que lo que comes. Debes tomarte en serio lo que te llevas a la boca, porque no tardará en estar en tu cuerpo.

Recetas

Desayuno

«Bol Poderoso» de muesli

Avena sin gluten con mantequilla de anacardos y plátanos

Batidos

Batido de arándanos con mantequilla de almendras

Batido de fresa y plátano

Batido de mango y coco

Batido de chocolate con mantequilla de almendras

Batido de vainilla y almendras

Almuerzo

Pasta sin gluten con pesto poderoso

Pasta primavera sin gluten

Ensalada picante de fideos soba

Ensalada de quinoa y tomate secado al sol

Tentempiés

Almendras asadas con tamari (salsa de soja sin gluten)

Hummus casero con manzanas/verduras u hortalizas crudas

Cena

Lubina con salsa de mango y papaya

Tomates asados

Ensalada césar con escarola y quinoa

Pollo asado con limón

Salmón a las hierbas

Filete de solomillo

Patatas asadas rellenas

Hamburguesa sin panecillo

Boniato al horno

Ensalada niçoise de atún

Sopa de pollo casera con arroz

Desayuno

«Bol Poderoso» de muesli

2 RACIONES

Ingredientes:
1 taza de copos de avena orgánica y sin gluten
½ taza de arándanos secos
½ taza de pasas doradas
½ taza de pipas de calabaza o de girasol
½ taza de almendras troceadas
Leche de arroz o de almendras (opcional)
Plátanos, bayas o trozos de manzana (opcional)
Edulcorante natural (opcional)

Preparación:
- Mezcla la avena, los arándanos, las pasas, las pipas y las almendras en un bol de tamaño medio o, si estás de viaje, en una bolsa de plástico reutilizable.
- Sirve con leche de arroz o de almendras; plátanos, arándanos o trozos de manzana; y si lo deseas, puedes añadir tu propio edulcorante natural.

Avena sin gluten con mantequilla de anacardos y plátanos

4 RACIONES

Ingredientes:

2 tazas de copos de avena orgánica y sin gluten

2 plátanos firmes pero maduros, y cortados a rodajas finas

3 cucharadas de mantequilla de anacardos natural o mantequilla de almendra

1 cucharada de azúcar moreno

¼ taza de chocolate negro troceado (opcional)

Leche de arroz o de almendra sin edulcorar (opcional)

Preparación:

- Hierve 4 tazas de agua en una sartén mediana, remueve la avena, y cuece entre 3 y 5 minutos hasta lograr la textura deseada. Repártela en los cuatro boles.
- Distribuye los plátanos por encima de la avena. Añade un cuarto de mantequilla de anacardo a cada bol, azúcar moreno y chocolate negro si se desea. Agrega leche de arroz o de almendras, si quieres.

Batidos

Batido de arándanos con mantequilla de almendras

4 RACIONES

Ingredientes:

2 tazas de arándanos congelados

1 plátano congelado

2 cucharadas de mantequilla de almendras

1 taza de espinacas frescas

2 tazas de leche de almendras sin edulcorar

Preparación:

- Pasa por la batidora los arándanos, el plátano, la mantequilla de almendras, las espinacas y la leche de almendras hasta que estos ingredientes queden bien mezclados. (Si es preciso, detén la batidora para separar los restos adheridos al vaso con una espátula, luego vuelve a batir hasta que quede una pasta suave.) Vierte en 4 vasos y sírvelos inmediatamente.

Batido de fresa y plátano

4 RACIONES

Ingredientes:

2 tazas de fresas congeladas

1 plátano congelado

1 cucharada de mantequilla de almendras

1 taza de espinacas frescas

2 tazas de leche de almendras sin edulcorar

Preparación:

- Pasa por la batidora las fresas, el plátano, la mantequilla de almendras, las espinacas y la leche de almendras sin edulcorar hasta que estos ingredientes queden bien mezclados.* Vierte el contenido en 4 vasos y sirve inmediatamente.

* Si es necesario, detén la batidora para separar los restos adheridos al vaso con una espátula, y vuelve a mezclar.

Batido de mango y coco

4 RACIONES

Ingredientes:

2 tazas de mango congelado

1 plátano congelado

1 cucharada de mantequilla de almendra

1 cucharada de coco troceado

1 taza de hojas de escarola sin tallos

2 tazas de leche de arroz

Preparación:

- Pasa por la batidora el mango, el plátano, la mantequilla de almendras, el coco troceado, las hojas de escarola y la leche de arroz. Bate hasta que los ingredientes queden bien mezclados.* Vierte el contenido en 4 vasos y sirve de inmediato.

* Si es necesario, detén la batidora para separar los restos adheridos al vaso con una espátula, y vuelve a mezclar.

Batido de chocolate con mantequilla de almendras

4 RACIONES

Ingredientes:

3 plátanos congelados

2 cucharadas de sirope de chocolate orgánico

2 cucharadas de mantequilla de almendras

1 taza de hojas de escarola sin tallos

½ taza de hielo

1½ taza de leche de almendras sin edulcorar

Preparación:

- Pasa por la batidora el plátano, el sirope de chocolate, la mantequilla de almendras, las hojas de escarola y la leche de almendras. Bate hasta que los ingredientes queden bien mezclados.* Vierte el contenido en 4 vasos y sirve de inmediato.

* Si es necesario, detén la batidora para separar los restos adheridos al vaso con una espátula, y vuelve a mezclar.

Batido de vainilla y almendras

4 RACIONES

Ingredientes:

3 plátanos congelados

2 cucharadas de mantequilla de almendras

1 cucharadita de extracto orgánico de vainilla

1 cucharada de miel

1 taza de espinacas frescas

½ taza de hielo (o lo que se necesite)

1½ taza de leche de almendras sin edulcorar

Preparación:

- Pasa por la batidora los plátanos, la mantequilla de almendras, el extracto de vainilla, la miel, las espinacas, el hielo y la leche de almendras. Bate hasta que los ingredientes queden bien mezclados.* Vierte el contenido en 4 vasos y sirve de inmediato.

* Si es necesario, detén la batidora para separar los restos adheridos al vaso con una espátula, y vuelve a mezclar.

Almuerzo

Pasta sin gluten con pesto poderoso

4 RACIONES

Ingredientes:

3 tazas de hojas de albahaca fresca, y si se desea, unas cuantas más de guarnición.

¾ taza de nueces troceadas

3 dientes de ajo troceados

½ cucharadita de sal marina

½ taza de aceite de oliva extra virgen

2 cucharadas de zumo de limón

5 tazas de pasta de arroz

Tomates troceados secados al sol (opcional)

Preparación:

- Para elaborar el pesto, pon la albahaca, las avellanas, el ajo y la sal marina en una picadora y mezcla hasta que la combinación de ingredientes quede con una textura harinosa. Añade poco a poco el aceite de oliva con un chorro constante, y sigue picando un minuto hasta que la mezcla quede con la textura justa. Agrega zumo de limón y aliña al gusto. Pasa el contenido a un bol.
- En una cacerola de tamaño medio, cuece la pasta de arroz siguiendo las instrucciones de cocción. Escurre y reserva parte del agua de la pasta. Mezcla con el pesto hasta que

quede bien unido con la pasta. Puedes aligerarla con el agua sobrante. Si quieres, añade la albahaca y los tomates secados al sol.

Pasta primavera sin gluten

4 RACIONES

Ingredientes:

2 cucharadas de aceite de oliva extra virgen

2 dientes de ajo cortados a trocitos

1 calabaza amarilla de verano cortada a medias rodajas finas

1 calabacín cortado por la mitad y a medias rodajas finas

400 gramos de espárragos limpios y cortados

4 tazas de pasta de arroz

¼ taza de tomates secados al sol troceados

½ taza de sal marina

2 cucharadas de queso rallado vegano, para añadir (opcional)

Hierbas frescas troceadas, como perejil o albahaca (opcional)

Preparación:

- En una sartén grande y a fuego medio, calienta el aceite de oliva y saltea el ajo hasta que desprenda un fuerte olor (unos 5 minutos).
- Añade la calabaza troceada, el calabacín y los espárragos y saltéalo todo hasta que esté tierno, removiendo de vez en cuando durante 8 minutos.
- Mientras tanto, cuece la pasta en una cacerola siguiendo las instrucciones de cocción. Escurre la pasta cocida y vuélvela a poner en la cacerola.
- Cuando las verduras estén tiernas, añádelas a la pasta y remueve a conciencia. Añade los tomates secados al sol

y la sal marina. Si lo deseas, agrega queso vegano al gusto y sirve con hierbas frescas y más tomates secados al sol.

Ensalada picante de fideos soba

4 RACIONES

Ingredientes:

1 paquete de 250 gramos de fideos soba sin gluten

1 pimiento rojo, partido por la mitad, sin semillas y cortado a rodajas finas

1 taza de rúcula

2 cucharadas de anacardos picados

2 cucharadas de hojas de albahaca frescas picadas

Rodajas de lima (opcional)

Para la vinagreta picante:

2 cucharadas de mantequilla de cacahuete orgánica y cremosa

1 cucharadita de salsa de soja con bajo contenido de sal

2 cucharadas de aceite de sésamo

2 cucharadas de vinagre de arroz

2 cucharaditas de salsa picante, como la sriracha o el tabasco

1 cucharadita de néctar de agave o miel

Preparación:

- Cuece los fideos soba según las indicaciones del fabrican-
te. Escurre y lava debajo de un chorro de agua fría. Resér-
valos.
- Mientras se cuecen los soba, mezcla todos los ingredientes
de la vinagreta en un bol grande. Remueve bien.
- En el mismo bol de la mezcla, añade lentamente los fideos

fríos soba en la vinagreta. Agrega el pimiento rojo y la rúcula.

- Añade los anacardos y la albahaca a los fideos. Si se desea, puedes añadir un chorrito de lima.

Ensalada de quinoa y tomates secados al sol

4 RACIONES

Ingredientes:

Para el aliño:

2 cucharadas de aceite de oliva extra virgen

3 cucharadas de vinagre balsámico

1 cucharadita de miel

½ cucharadita de sal marina

1 cucharadita de mostaza de Dijon

Para la ensalada:

4 tazas de quinoa cocida y fría

½ taza de tomates secados al sol con aceite*, cortados a finas rodajas

½ taza de hojas de albahaca, troceadas

¼ taza de piñones

1 taza de rúcula

Preparación:

- En un bol grande, mezcla el aceite de oliva, el vinagre, la miel, la sal marina y la mostaza de Dijon.
- Añade la quinoa, los tomates secados al sol, la albahaca, los piñones y la rúcula. Remueve y mezcla con el aliño.

  * Para ahorrar calorías, opta por hidratar con agua los tomates secados al sol.

Tentempiés

Almendras asadas con tamari

6 PORCIONES

Ingredientes:

4 tazas de almendras crudas

2 cucharadas de aceite de coco (se vende en forma de manteca por
   lo que hay que calentarla para diluirla)

2 cucharadas de tamari (salsa de soja sin gluten)

2 cucharadas de orégano seco

2 cucharaditas de ajo en polvo

Para espolvorear después de hornear:

½ cucharadita de chile en polvo

1 cucharadita de ajo en polvo

½ cucharadita de sal marina fina

Preparación:

- Precalienta el horno a 150 grados. Forra dos bandejas con papel de aluminio, después coloca las almendras en ellas y tuéstalas durante 8 minutos. Saca del horno y deja enfriar un rato. Reduce la temperatura a 120 grados.
- En un bol grande, mezcla el aceite de coco, el tamari, el orégano y el ajo en polvo. Añade las almendras y remueve hasta que los ingredientes queden bien mezclados.
- Coloca las almendras con la salsa en las bandejas del horno,

y hornea durante 8 minutos más, moviendo las bandejas de vez en cuando.

- En un pequeño bol, mezcla el chile en polvo, el ajo en polvo y la sal marina. Saca las almendras del horno y déjalas enfriar un poco. Para terminar, rocíalas con la mezcla seca hasta que queden recubiertas. Puedes conservarlas en un recipiente hermético hasta dos semanas.

Hummus casero con manzanas/verduras u hortalizas crudas

12 RACIONES

Ingredientes:

Para el hummus:

2 latas de 425 gramos de garbanzos, limpios y escurridos

2 cucharadas de aceite de oliva extra virgen

2 cucharadas de pasta de tahini (opcional)

Zumo de medio limón

3 dientes de ajo asado

1 cucharadita de comino molido

2 cucharaditas de tamari (salsa de soja sin gluten)

Para picar:

4 manzanas grandes (preferiblemente las de gusto dulzón, como las Fuji), cortadas a medias rodajas.

Preparación:

- Coloca todos los ingredientes para el hummus en una picadora y mezcla hasta que quede una pasta fina. Vierte la pasta en un bol de tamaño medio y sirve con las rodajas de manzana o tus verduras preferidas.

Cena

Lubina con salsa de mango y papaya

6 RACIONES

Ingredientes:

Para marinar el pescado:

¼ taza de zumo fresco de lima (2 o 3 limas)

4 cucharadas y 1 cucharadita de aceite de oliva extra virgen

2 cucharadas de orégano fresco troceado

½ cucharadita de comino molido

¼ cucharadita de chile en polvo (opcional)

¼ cucharadita de sal marina

700 gramos de lubina, pargo rojo o filetes de pescado de roca

2 limas cortadas a rodajas (opcional)

Para la salsa de mango:

1 mango semimaduro grande, pelado, sin hueso y cortado a dados

1 papaya madura grande, pelada y cortada a dados

½ cebolla roja cortada a dados finos

¼ o ½ de chile serrano cortado a dados finos (opcional)

2 cucharadas de cilantro fresco troceado

½ taza de pimientos rojos asados pelados y cortados a finos dados
     (para que sean más sabrosos, ásalos a la parrilla)

½ taza de zumo de lima recién exprimido

Sal marina al gusto

Preparación:

- Marina el pescado: bate el zumo de lima, 3 cucharadas y 2 cucharaditas de aceite de oliva, el orégano, el comino, el chile en polvo (si lo usas) y la sal en un bol de tamaño medio. Añade los filetes de pescado y mezcla hasta que queden rebozados. Cubre el bol con film transparente y déjalo en la nevera entre 1 y 3 horas.
- Prepara la salsa: coloca el mango, la papaya y la cebolla roja en un bol con el chile (si se usa), el cilantro, los pimientos rojos asados y el zumo de lima. Sazona con sal y refrigera.
- Prepara la parrilla a una temperatura alta. Engrasa las rejillas o la bandeja con las 2 cucharaditas de aceite restantes. Saca el pescado de la marinada y colócalo sobre la parrilla. Cocínalo entre 4 y 5 minutos, hasta que quede una textura firme y no opaca. Si es preciso, saca las espinas.
- Añade la salsa y los trocitos de lima fresca al pescado.

Tomates asados

4 RACIONES COMO GUARNICIÓN

Ingredientes:

4 tazas de tomates cherry

2 cucharadas de aceite de oliva extra virgen

2 cucharadas de vinagre balsámico

Sal marina al gusto

Preparación:

- Precalienta el horno a 175 grados. Coloca los tomates en una bandeja, añade el aceite de oliva y remueve hasta que los tomates queden envueltos en el aceite. Hornea durante 45 minutos.

- Retira la bandeja del horno. Deja enfriar un rato, y luego sazona con vinagre balsámico y sal marina.

Ensalada césar con escarola y quinoa

4 RACIONES

Ingredientes:

Para la guarnición:

1 cabeza de ajo

¼ taza de aceite de oliva extra virgen

1 cucharada de mostaza de Dijon

1 cucharada de vinagre balsámico

$1/8$ cucharadita de sal marina

½ lata de anchoas o sardinas en aceite de oliva, escurridas

1 cucharada de aceite reservado para el aliño (opcional)

Para la ensalada:

1 manojo de hojas de escarola sin tallos

1 bulbo de hinojo

1 taza de quinoa cocida

¼ taza de piñones tostados

Preparación:

- Precalienta el horno a 175 grados. Corta la cabeza de ajo por la mitad y colócala en una hoja de papel de aluminio. Añade un chorrito de aceite de oliva extra virgen, forma un sobre con la hoja de papel de aluminio, y asa durante 45 minutos. Retira del horno y enfría. Retira las pieles de los dientes de ajo y trocea.
- Mientras se asa el ajo, corta la escarola en pequeñas rodajas

alargadas. Parte el bulbo de hinojo por la mitad y con una mandolina córtalo en medias lunas.

- En un bol grande, bate la mostaza de Dijon, el vinagre balsámico y la sal marina. Añade el ajo asado, aplastándolo con una cuchara para que pueda mezclarse con el resto de ingredientes. Bátelo con el aceite de oliva y el aceite de la lata de anchoas o sardina (si lo reservaste) de forma lenta pero regular hasta que quede bien mezclado.

- Añade la escarola, la quinoa cocida, y el hinojo al aliño y mezcla bien. Agrega anchoas o sardinas, si lo deseas. Decora el plato con piñones tostados.

Pollo asado con limón

6 RACIONES

Ingredientes:

1 pollo para asar de 2 a 2 kilos y medio.

¼ taza de aceite de oliva extra virgen

1 cucharadita de sal marina

1 limón cortado a finas rodajas

3 ramitas de tomillo fresco

3 ramitas de orégano fresco

1 cabeza de ajo sin pelar, dividida en dientes

Para el aceite de hierbas al limón:

Zumo de ½ limón

2 cucharadas de hojas de tomillo fresco troceadas

2 cucharadas de hojas de orégano fresco troceadas

2 cucharadas de aceite de oliva extra virgen

1 cucharadita de sal marina

Preparación:

- Precalienta el horno a 200 grados. Lava el pollo, deshuésalo y sécalo con papel de cocina.
- Engrasa suavemente la base de una bandeja de horno con 2 cucharadas de aceite de oliva. Sazona el interior del pollo con sal marina y llena la cavidad de rodajas de limón, ramitas de tomillo y orégano, y el ajo.
- Con un hilo de carnicero, ata el pollo de manera que la pe-

chuga quede hacia arriba, asegurándote de que las alas y los muslos queden bien sujetos. Coloca el pollo en la bandeja del horno y rocíalo generosamente con las 2 cucharadas restantes de aceite de oliva.

- En un bol de tamaño medio, bate todos los ingredientes para preparar el aceite de hierbas al limón. Reserva.
- Cubre el pollo con papel de aluminio y ásalo durante 1 hora y media. Retira el papel y asa otros 20 minutos. Saca el pollo del horno y barnízalo con el aceite de hierbas al limón. Devuélvelo al horno y sigue asando otros 10 minutos, sin tapar, hasta que quede dorado y la temperatura interna alcance los 75 grados.
- Retira del horno y deja enfriar el pollo otros 10 minutos. Sirve con un chorrito de limón y añade más hierbas frescas.

Salmón a las hierbas

4 RACIONES

Ingredientes:

4 filetes de salmón de 170 a 225 gramos cada uno, con su piel

Aceite de oliva extra virgen

Rodajas de limón

Tomates asados

Para la marinada:

2 cucharadas de aceite de oliva extra virgen

2 cucharadas de hojas frescas de tomillo

2 cucharadas de hojas frescas de orégano

2 dientes de ajo troceados

1 cucharada de zumo fresco de limón, más rodajas de limón

Sal al gusto

Preparación:

- Precalienta el horno a 175 grados.
- En un bol pequeño, bate los ingredientes para la marinada.
- Añade el salmón a la marinada de manera que quede rebozado por ambos lados. Cubre el bol con film transparente y refrigéralo de 15 a 20 minutos.
- Engrasa suavemente una fuente de horno de 22 por 33 centímetros y coloca los filetes de salmón con la piel hacia abajo.
- Hornea durante 20 minutos hasta que el pescado quede

opaco y firme al tacto. Retira del horno y sirve con una rodaja de limón y una guarnición de tomates asados (véase receta en página 183).

Filete de solomillo

4 RACIONES

Ingredientes:

Un filete de solomillo de 700 gramos

2 cucharaditas de aceite de oliva extra virgen

Mezcla de especias para untar:

1 cucharadita de paprika ahumada

1 cucharadita de ajo en polvo

1 cucharadita de orégano seco

1 cucharadita de sal marina

Preparación:

- Para preparar la mezcla para untar, mezcla la paprika, el ajo en polvo, el orégano y la sal marina en un bol pequeño. Frota ambos lados del filete con esta mezcla de especias. Colócalo en una bolsa de plástico reutilizable y refrigera como mínimo 1 hora o bien déjalo toda la noche.
- Saca el filete de la nevera y déjalo reposar a temperatura ambiente durante 15 minutos. Engrasa una parrilla o una sartén con el aceite de oliva y caliéntalo a fuego medio-alto. Coloca el filete en la parrilla o sartén y cocínalo entre 3 y 4 minutos por cada costado, hasta que queden bien dorados y con las marcas de la parrilla.
- Coloca el filete en una tabla de cortar y déjalo reposar durante 5 minutos antes de cortarlo en trozos de 1,5 centímetros de ancho. Servir inmediatamente.

Patatas asadas rellenas

4 RACIONES

Ingredientes:

Para las patatas:
4 patatas grandes rojas
1 cucharada de aceite de oliva extra virgen
1 cucharadita de sal marina

Para el relleno:
1 cucharada de aceite de oliva extra virgen
½ cebolla, troceada
1 taza de champiñones pequeños, laminados
Cebollino, finamente picado (opcional)
Sal marina

Preparación:

- Precalienta el horno a 175 grados. Forra una bandeja de horno con papel de aluminio. Agujerea las patatas con el tenedor. Colócalas en un bol y añade el aceite de oliva y la sal marina. Reparte las patatas sobre la bandeja del horno y ásalas durante aproximadamente 1 hora, o hasta que estén bien asadas. Retira del horno y déjalas enfriar un rato.
- Relleno: calienta el aceite de oliva en una sartén mediana a fuego medio. Añade la cebolla y fríela hasta que quede suave y dorada durante 10 minutos. Agrega los champiñones y cocínalos 5 minutos hasta que queden suaves y fragantes.

- Practica un corte en el centro de las patatas y aprieta ambos extremos para que se abran. Rellénalas con 2 cucharadas de la mezcla con champiñones. Para servir, puedes recubrirlas de cebollino, si así lo deseas, y más sal marina al gusto.

Hamburguesa poderosa sin panecillo

3 RACIONES

Ingredientes:

Para las hamburguesas:

2 cucharadas de aceite de oliva extra virgen

1 cebolla cortada a dados finos

450 gramos de carne magra picada

2 cucharadas de salsa Worcestershire

1 cucharadita de sal marina

½ cucharadita de pimienta negra fresca molida

Condimentos opcionales:

12 hojas grandes de lechuga

Mostaza de Dijon

Kétchup orgánico

1 tomate cortado a rodajas

½ aguacate cortado a finas rodajas

Preparación:

- Calienta 1 cucharada de aceite de oliva en una sartén a fuego medio-alto. Añade las cebollas y fríe durante 20 minutos, removiendo de vez en cuando hasta que queden de un tono marrón dorado.
- Reserva las cebollas caramelizadas en un bol pequeño y deja que se enfríen. Limpia la sartén para freír luego las hamburguesas.

- Coloca la carne picada en un bol grande. Añade la salsa de Worcestershire, sal, pimienta y las cebollas caramelizadas frías. Mezcla bien. Da forma a las hamburguesas de modo que midan 8 centímetros y medio de diámetro y 1 centímetro y medio de grosor.

- Calienta el resto del aceite en la sartén a fuego medio-alto. Añade las hamburguesas y fríelas hasta que ambos lados queden bien hechos, unos 10 minutos en total. Levanta las hamburguesas con una espátula y colócalas en una bandeja, luego déjalas enfriar durante 5 minutos.

- Coloca cada hamburguesa sobre una hoja de lechuga grande. Añade un chorro generoso de mostaza y kétchup. Cubre con una rodaja de tomate y aguacate, añade otra hoja de lechuga encima y sirve.

Boniato al horno

6 RACIONES

Ingredientes:

4 boniatos grandes, limpios pero sin pelar

2 cucharaditas de aceite de coco (se vende en forma de manteca, por lo que hay que calentarla para diluirla)

½ cucharadita de ajo en polvo

¾ cucharadita de sal marina

Preparación:

- Precalienta el horno a 230 grados. Parte los boniatos por la mitad a lo largo y luego corta cada mitad en rodajas de aproximadamente 1 centímetro y medio.

- Coloca los boniatos en una bandeja de asar al horno. Rocíalos con aceite de coco. Añade el ajo en polvo y ½ cucharadita de la sal hasta que la mezcla se pegue a los boniatos. Ásalos hasta que queden ligeramente crujientes y de un color marrón dorado, entre 25 y 30 minutos. Rocíalos con un cuarto de cucharadita de sal. Sirve como guarnición de la hamburguesa poderosa sin panecillo (véase receta en página 193).

Ensalada niçoise de atún

4 RACIONES

Ingredientes:

1 puñado de judías verdes, limpias

1 cucharadita de sal marina

4 tazas de rúcula

½ taza de guisantes en lata, escurridos y secos

½ taza de alubias blancas en lata, escurridas y secas

2 tomates grandes cortados a rodajas

¼ taza de pimientos rojos asados y cortados a finas rodajas

1 lata de 200 gramos de atún natural, escurrido

3 cucharadas de vinagre balsámico

4 cucharaditas de mostaza de Dijon

1 ½ cucharadita de miel

3 cucharadas de aceite de oliva extra virgen

Preparación:

- Vierte 2 centímetros y medio de agua en una cacerola mediana. Coloca en la cacerola un recipiente para cocinar al vapor, y cuando el agua hierva a fuego lento añade las judías verdes, rocía con ¼ cucharadita de sal marina y reduce la intensidad del fuego. Cubre y cuece hasta que quede tierno, entre 5 y 6 minutos. Lava las judías con agua fría y detén la cocción. Escurre y reserva.

- Reparte la rúcula, los garbanzos, las alubias blancas, los tomates y los pimientos rojos asados a partes iguales en cuatro boles vacíos. Coloca un cuarto de atún por cada ración y distribuye las judías verdes.

- Para preparar la vinagreta, bate el vinagre, la mostaza, la miel, el aceite de oliva y ½ cucharadita de sal en un bol pequeño. Rocía el aliño sobre las ensaladas y añade una pizca de sal al gusto.

Sopa de pollo casera con arroz

4 RACIONES

Ingredientes:

1 cabeza de ajo tostado

2 zanahorias medianas, peladas y cortadas al sesgo

2 tallos de apio, finamente cortados al sesgo

2 ramitas de tomillo fresco

2 cucharadas de aceite de oliva extra virgen

2 cuartos de caldo de pollo casero o comprado

1 taza de arroz integral

1 cucharadita de sal marina, o al gusto

2 tazas de trozos de sobras de pollo, de carne blanca y oscura

Preparación:

- Para preparar el ajo tostado: corta una cabeza entera de ajo por la mitad y horizontalmente, añádele unas gotas de aceite de oliva y hornéalo a 200 grados durante 1 hora, o hasta que quede suave. Resérvalo.

- En un cazo grande y a fuego lento, saltea las zanahorias y el apio con el tomillo en aceite de oliva hasta que quede fragante, unos 5 minutos. Añade los dientes de ajo tostados. Coloca la carne en el recipiente y calienta a fuego lento durante 15 minutos.

- Agrega el arroz y cuece a fuego lento durante 10 minutos.

- Añade una pizca de sal al pollo. Cuece a fuego lento hasta que el arroz y las zanahorias estén tiernas, otros 3 minutos.

EPÍLOGO

N ESTE LIBRO HABLO a menudo sobre el cambio. Cómo unos sencillos ajustes a mi dieta marcaron la diferencia en mi carrera y mi vida. Si realizas cambios positivos en tu vida que tengan la mitad del impacto que tuvieron los míos, sospecho que serás muy feliz, y yo me alegraré mucho por ti. Pero hay algo más que debo decirte. Se trata de un punto de vital importancia que suele pasar desapercibido entre toda la cháchara motivacional que escuchas por ahí.

Cuando estoy en una pista de tenis y me enfrento a otro jugador —Nadal o Federer, por ejemplo—, y veo cómo bota la pelota para preparar el servicio, visualizo esa pelota viniendo hacia mí. Esa bola puede seguir una docena de trayectorias distintas, y todas ellas pueden acabar en un pequeño punto de la pista. Como he visto esas líneas y ángulos miles de veces en partidos reales, estoy preparado. Estoy listo para restar.

Eso es lo que mis largas horas de entrenamiento me dan. Me preparan para lo que pueda ocurrir en la pista. Sirven para descartar las posibilidades y reemplazarlas por probabilidades. Cuanto más te entrenas, más situaciones experimentas y menos sorpresas te llevas. Cuando, al final de una larga sesión de entrenamiento, mi entrenador coloca una pequeña botella de agua de plástico en la pista y tengo que derribarla con un saque otras cinco veces más antes de terminar la jornada, sabiendo que me quedan muy pocas reservas de combustible y que mi concentración ha disminuido…, ése es el meollo del asunto. Eso es lo que me diferenciará de otro jugador en nuestras cuatro horas de partido.

Recuerda lo que explicaba al inicio del libro, cuando describía cómo me sentía durante los partidos difíciles hace tan sólo un par de años. ¿Recuerdas cuando me vine abajo, mental y físicamente, al llegar a ese límite de las tres o cuatro horas?

A nivel físico, no podía competir. A nivel mental, no me sentía como si perteneciera a la misma categoría que los mejores jugadores del mundo. Pero entonces hice unos cambios que lo transformaron todo. De repente, tenía una gran lucidez en los partidos. Disponía de la claridad mental para ver los senderos que podía tomar un saque a 220 kilómetros por hora hasta que aterrizaba en mi raqueta. Sabía que podía devolverlo todo y plantar la pelota allí donde fuera necesario. Sentía la energía circulando por mis músculos. Tenía ese paso extra imprescindible para derrotar al mejor del mundo. Para ser el mejor del mundo.

Pero debes comprender que esto no ocurrió por arte de magia: no fue la energía ni la claridad de las fuerzas renovadas lo que me permitió convertirme en el jugador número uno del mundo. Fue mi preparación. Mi formación. La ética de trabajo siempre había estado allí, empezó con ese niño de seis años y su bolsa de tenis perfectamente preparada. Pero de pronto surgió un factor X, un cambio en mi dieta que permitió a mi cuerpo rendir del modo en que debía, sin las alergias ni el letargo.

¿Cómo se aplica esto a ti?

Es muy sencillo. Si llevas a cabo estos cambios dietéticos, te sentirás mejor. Puedes perder peso. Tendrás un aspecto más saludable. Aumentará tu nivel de energía. Las personas lo notarán y te harán cumplidos. Recibirás miraditas de atractivas desconocidas.

Ésas son las ventajas. Pero en realidad, aparte de darle un empujón temporal a tu ego y hacerte sonreír, ¿de qué te servirá todo esto?

De nada.

De nada en absoluto.

Eso es así porque la pérdida de peso y la energía ilimitada no son los objetivos. Por mucho que los veas como tales, yo prefiero considerarlos unas puertas de entrada.

El verdadero objetivo radica en esa puerta.

El objetivo debería guardar relación con tu rendimiento —en tu carrera, en el mundo del deporte, en las relaciones—. Quizá buscas un ascenso en tu trabajo, y tu mejora en el estado de salud te permite rendir mejor durante más tiempo cada día. Quizá deseas emprender el negocio de tu vida, y ahora dispones de la energía y la chispa que te faltaba hace un año. O quizá quieres ganar un torneo mixto de dobles en tu club, o un partido de baloncesto, o tal vez deseas acabar un triatlón. Quizá quieres tener una relación más cercana con tu cónyuge o pareja, o encontrar un nuevo cónyuge o pareja.

Éste es el desafío que te planteo, y el secreto del éxito que espero que comprendas: si de repente te sientes mejor, tienes mejor aspecto, y también tienes la capacidad de rendir mejor…, ¿estarás preparado para alcanzar tus metas? ¿Sabrás sacar provecho a tus renovadas capacidades? ¿Las utilizarás para impulsar tus objetivos?

Seré honesto: jamás habría imaginado que mis nuevos hábitos alimentarios me harían sentir tan bien. Tan capaz. Siempre me entrené para ser el mejor, pero mi cuerpo no me permitía alcanzar el máximo nivel. Luego, de repente, pudo hacerlo. Y cuando ocurrió ese cambio, me sentí estupendamente. Supe que alcanzaría exactamente lo que pretendía: ser el número uno del mundo. Ganar, y seguir ganando.

Por descontado, perdí peso. Me sentía muy bien. Pero eso no era suficiente para mí. Espero que tampoco lo sea para ti.

Haz los cambios. Disfruta del proceso. Pero no permitas que los cambios se conviertan en tu objetivo. Deja que sean tu puerta a otros objetivos de mayor envergadura.

Prepárate.

AGRADECIMIENTOS

ESTOY MUY AGRADECIDO a mi editor y colaborador, Stephen Perrine de Galvanized Brands, que me ayudó a pulir mi mensaje para convertirlo en este libro útil e inspirador.

Gracias también a Candice Kumai, que creó muchas de las recetas que encontrarás en estas páginas, y que vive el mismo estilo de vida que yo, una vida exenta de gluten y centrada en la salud.

A los equipos de Galvanized Brands y Random House, especialmente a David Zinczenko, Libby Mcguire, Jennifer Tung, Nina Shield, Joe Heroun, Sara Vignieri y John Mather, por su ayuda en este proyecto.

A Scott Waxman de la agencia literaria Waxman Leavell y a Sandy Montag y Jill Driban de IMG, por ayudarme a convertir este proyecto en una realidad.

Al equipo de American Media, Inc., y *Men's Fitness*, especialmente a Andy Turnbull y Jane Seymour, y a Richard Phibbs, fotógrafo, por conseguir que en la fotografía de la portada luzca de la mejor forma posible.

Y a mis seguidores, cuya energía me resulta fundamental para ayudarme a permanecer centrado y positivo.

APÉNDICE

LA BUENA GUÍA DE LA ALIMENTACIÓN

«¿CÓMO SE PUEDE EVITAR EL GLUTEN? ¡Es omnipresente!»

Ésta es la reacción habitual cuando le digo a otras personas que no tomo gluten. Dicen lo mismo respecto a los productos lácteos y el azúcar refinado.

Y en cierto modo tienen razón. Cuando comes los alimentos que vienen en cajas y bolsas, es casi imposible evitar los aditivos que no quieres. La clave consiste en reducir el consumo de alimentos empaquetados y procesados, y leer las etiquetas detenidamente.

Pero vivir rodeado de alimentos malos no significa que debas comerlos. Yo he podido evitar fácilmente el gluten, las comidas azucaradas y los productos lácteos. No importa que estén «en todas partes», porque otros productos —alimentos deliciosos y muy variados— también lo están.

Éste es el punto central de este capítulo. Si quieres probar una dieta libre de gluten, azúcar o productos lácteos —o de los tres juntos—, entiendo que la primera pregunta que te viene a la cabeza es: «¿Qué me queda para comer?»

La respuesta es: cientos de alimentos en miles de combinaciones distintas. Todas ellas saludables.

Este apéndice es la prueba evidente de que comer sin gluten es más fácil de lo que crees. He aprendido mucho sobre alimentación en los últimos años. No sólo he detectado los alimentos que saboteaban mi rendimiento, sino también los que me ayudan a ganar a diario. Quiero proporcionarte información específica sobre mi comida predilecta, describir su composición y por qué me gusta (básicamente, ¡se debe a su estupendo sabor!) ¡Y ni siquiera es un listado completo!

PROTEÍNA

Me gusta el pollo, el pavo y distintas clases de pescado. Como una ración de estos productos al menos una o dos veces al día.

Huevos

No como huevos con frecuencia porque tiendo a no tomar proteínas por la mañana. Pero al final del día, pueden ser la base de una comida fácil y saludable si no te apetece cocinar carne. Los huevos están repletos de nutrientes (proteína y selenio, para empezar, y sólo tienen entre 70 y 80 calorías por huevo grande). Además, son muy versátiles. Las tortillas son estupendas para acompañarlas de abundantes verduras.

Pollo (carne blanca)

Una pechuga de pollo de 115 gramos sin piel tiene 24 gramos de proteína buena y pura, vitaminas B para darnos energía y unas 125 calorías. Siempre intento comer pollo de granja, ya que estas aves tienen más grasas omega-3 que los pollos que se alimentan de pienso artificial. Además, saben mucho mejor. Cuando compres pollo, fíjate en la sal añadida. Algunos productores inyectan soluciones a las pechugas de pollo para que la carne sea más jugosa y sabrosa. Una pechuga de 115 gramos suele tener entre 50 y 70 miligramos de sodio; una pechuga tratada puede alcanzar los 500 miligramos. *Lee la etiqueta.*

Pavo (carne blanca)

La pechuga de pavo es parecida a nivel nutricional a la pechuga de pollo (28 gramos de proteína con 125 calorías en 115 gramos), y además contiene grandes cantidades de vitaminas B.

Pavo (picado)

Asegúrate de leer la etiqueta y buscar carne blanca. La mayoría de pavo picado es una combinación de carne blanca y oscura, lo cual aumenta el aporte de calorías y reduce el contenido en proteínas por cada ración de 115 gramos.

Ternera

La carne roja no me vuelve loco porque me resulta pesada de digerir, aunque me gusta tomarla de vez en cuando. La ternera está repleta de proteínas, por supuesto, pero también de grasas monoinsaturadas, zinc, vitamina B y hierro. La ternera de pastos, si puedes comprarla, tiene una proporción mucho más alta de grasas omega-3 que de omega-6 (una proporción de 1:3, en comparación con el 1:20 de la ternera alimentada con pienso). Los niveles altos de grasas omega-6 provocan inflamación, que es algo totalmente innecesario.

Por cierto, otro aspecto que hay que vigilar: suelo comer una pieza de 115 gramos de ternera, y eso me aporta 250 calorías. Si pides un bistec en un restaurante, ten en cuenta que la ración será mucho mayor. He visto bistecs ridículamente grandes (casi 1,5 kilos) en menús de restaurantes. Cada uno es distinto, pero sé que si me comiera un bistec de 250 gramos, me sentiría fatal durante horas.

Salmón salvaje de Alaska

Evita el salmón de piscifactoría (o del «Atlántico») siempre que puedas. Su aporte en nutrientes es mucho más bajo que el salvaje y le añaden pigmentos para que la carne tenga un atractivo aspecto rosado y anaranjado. Repulsivo. Pero un buen trozo de salmón obra maravillas: un montón de vitamina B y selenio, unos 24 gramos de proteína y 175 calorías en una ración de 115 gramos. Además viene repleto de grasas saludables para el corazón, que aumentan los niveles de colesterol bueno HDL.

Atún claro u otro pescado

El atún contiene una dosis más alta de proteínas por calorías que la mayoría de pescados —28 gramos por cada 125 calorías— y es alto en omega-3. Cuando compres atún fresco, ten en cuenta que nunca tiene un color marrón natural. Debería ser de un rojo brillante. Otros pescados saludables: sardinas, caballa, trucha arco iris y trucha ártica.

Marisco

Las gambas, la langosta y las almejas tienen un elevado contenido en proteínas y son bajos en calorías. Procura no comerlos con mantequilla.

VERDURAS

Las verduras son la principal fuente natural de prácticamente todos los nutrientes que necesita un ser humano: vitaminas, minerales, fibra y antioxidantes. Pero no todas las verduras son iguales. Algunas, en especial los tubérculos y las verduras de invierno, tienen un alto contenido en fécula y carbohidratos, y como procuro ingerir la mayor parte de mis carbohidratos durante el día para aprovechar el aporte energético, evito tomarlas por la cena, momento en el que me centro en las proteínas. Pero las verduras de hoja y tallo son lo que yo denomino «neutrales». No tienen un contenido elevado de carbohidratos, así que las puedo comer a cualquier hora del día.

Verduras neutras

Tienden a ser altas en fibra y vitaminas A, B, C y K, y tener un aporte bajo en calorías. Puedes comerlas en cualquier momento: espárragos, alcachofas, coles de Bruselas, col, bró-coli, coliflor, bok choy, tallo de brócoli, hojas de mostaza, acelgas, espinacas, diente de león, escarola, berro, rúcula, calabaza de verano, calabacín, pimientos rojos (que son más nutritivos que los verdes), lechuga verde, romana o de hoja roja.

Verduras altas en carbohidratos

Sólo las como durante el día, cuando busco energía. Aunque están repletas de fibra y vitaminas, especialmente vitamina A, son demasiado ricas en carbohidratos para mis cenas: maíz, patatas, cebollas, boniatos, remolacha, zanahorias, berros, guisantes, nabos, calabaza de invierno (parecida a la calabaza bellota) y calabaza naranja.

Aceitunas
Son un maravilloso alimento antiinflamatorio y añaden sabor a las ensaladas.

JUDÍAS Y LEGUMBRES

Advertencia: si comes demasiadas, tu digestión será más musical de lo que te gustaría. Evita las judías en lata, porque tienen un alto contenido en sodio. Cómpralas secas y déjalas en remojo toda la noche: las judías negras, edamame, garbanzos (hummus), habas, judías verdes, guisantes, lentejas, judías navy, judías de ojo negro, judías riñón y judías de lima.

FRUTAS

Tu cuerpo necesita azúcar saludable —fructosa— procedente de las frutas. Como mucha fruta durante el día para aportar energía, pero muy poca por la noche; una vez más, por la noche quiero decirle a mi cuerpo que procese las proteínas, y no quiero que las confunda con un exceso de carbohidratos.

Frutas con alto contenido en azúcar
Tienen un gusto delicioso y son algunos de los alimentos más ricos en nutrientes que existen. Básicamente, la idea de «una manzana al día» es perfecta, suponiendo que controlas la in-

gesta de azúcar durante el resto de la jornada. Las frutas con alto contenido en azúcar son las manzanas, las peras, las uvas, las cerezas, los melocotones, las nectarinas, los albaricoques, las ciruelas, las fresas, las frambuesas, las moras y los arándanos. Un aspecto que hay que tener en cuenta sobre estas frutas es que las pieles son comestibles. Esto las hace vulnerables a los pesticidas, por eso intento comer en la medida de lo posible las versiones orgánicas de estas frutas.

Plátanos, higos y papaya

Estas tres frutas tienen un alto contenido en nutrientes, y los plátanos y los higos se cuentan entre las mejores fuentes de potasio, lo cual ayuda a evitar las enfermedades de corazón y la hipertensión. Pero también contienen mucho azúcar, así que cómelos con moderación.

Cítricos y otras frutas con un alto contenido en ácidos

Como no comemos las pieles de estas frutas, no es necesario comprar las versiones orgánicas de naranjas, pomelos, limones, limas, piñas, mangos, guayabas, frutas de la pasión, kiwis, y granadas. Ten en cuenta que todas ellas aportan muchos nutrientes (especialmente vitamina C) y calorías. Pero olvídate de los zumos. El zumo de naranja tiene muchas más calorías que una naranja, y no aporta la fibra.

Fruta seca

Tengo mucho cuidado con la fruta seca: las pasas, los albaricoques secos, los dátiles y las ciruelas pasa. Por otro lado, están llenas de nutrientes, aunque aporten grandes cantidades de azúcar. Tómalas con moderación para recibir un aporte rápido de energía cuando estás en activo.

Tomates

Sí, los tomates son frutas. Yo sufro una leve sensibilidad a los tomates, pero me gusta comerlos de vez en cuando, siempre que sean frescos y no procesados (sólo como salsa de tomate elaborada a partir de tomates frescos, por ejemplo). El licopeno, la sustancia fitoquímica que aporta el color rojo de los tomates, ayuda a eliminar los radicales libres del envejecimiento de la piel provocado por los rayos ultravioleta.

Aguacate

He aquí otra fruta que se suele incluir en la lista de verduras. Los aguacates pueden ser mi comida preferida. Tienen un sabor estupendo y son altos en fibra y nutrientes. Puedes preparar muchos platos con aguacates frescos. Tienen un alto contenido en grasas saludables monoinsaturadas.

CEREALES ALTERNATIVOS AL TRIGO

Hoy en día muchos supermercados cuentan con una sección de productos sin gluten, y por supuesto siempre puedes pedir por Internet pastas secas, galletas saladas y otros productos. Existen cereales alternativos al trigo muy buenos en el mercado. Si nunca los has probado, te recomiendo que empieces a experimentar con ellos. Yo me decanto por la quinoa, el trigo sarraceno, el arroz integral y la avena. La quinoa y el trigo sarraceno son estupendos para preparar una pasta sin gluten muy sabrosa.

Quinoa

La quinoa, originaria de Sudamérica, tiene casi el doble de fibras y proteínas que el arroz integral, y su proteína está compuesta de toda una cadena completa de aminoácidos esenciales, de modo que favorece la regeneración muscular mejor que otros cereales. Todas esas proteínas y fibras —junto con un puñado de grasas saludables y una dosis comparativamente pequeña de carbohidratos— disminuyen la respuesta de la insulina. La quinoa también tiene un sabor estupendo y se cuece en 15 minutos.

Avena (instantánea, convencional y cortada)

Las gachas de avena instantánea (y la de 1 minuto) son básicamente un rollo de avena cortado para que se cueza más rápido. La avena de toda la vida está medio molida (conserva el grano) y se enrolla en forma de copo; tarda unos 5 minutos en cocerse. La avena con corte de acero está compuesta de grano cortado, pero no enrollado en forma de copo; tarda media hora en cocerse. La avena es una de las formas más sencillas de aportar más fibra a tu dieta y también más proteínas. A mí me gusta la avena con corte de acero porque el grano puro no hace subir tu nivel de azúcar en la sangre como las variedades procesadas de avena. Fíjate bien en las marcas de avena de supermercado que añaden toneladas de azúcar. Es mejor tomarla sola con fruta o frutos secos.

Arroz integral

El arroz integral es lo que llamo comida de segunda línea defensiva. Hay otros cereales que prefiero por su aporte nutritivo y sabor, pero el arroz integral está disponible en cualquier parte y funciona bien cuando no dispongo de mis preferidos (la quinoa o la pasta sin gluten). Aporta una dosis potente de minerales y fibra y es un buen mediador de otros alimentos (estoy seguro de que no es necesario que te diga que lo sustituyas por el arroz blanco, ¿verdad?)

Trigo sarraceno

Me encanta la pasta con trigo sarraceno. Y este trigo es, en sí mismo, un alimento muy completo: 30 gramos contienen 3 gramos de fibra y 4 gramos de proteína, además de minerales como el cobre, el magnesio y el manganeso. Muchos de estos cereales sin gluten han pasado a ser alimentos básicos de mi dieta, y el trigo sarraceno es uno de los principales.

Mijo

Es un cereal sin gluten procedente de Asia que puede compararse a nivel nutricional con el trigo: 30 gramos de mijo contienen 2 gramos de fibra, 3 gramos de proteína, además de vitamina B, calcio y hierro. He visto utilizar el mijo como sustituto del trigo en magdalenas de avena, cereales e incluso en tomates rellenos.

Muesli

Se trata de una combinación de copos de avena, frutas y frutos secos, originaria de Suiza. Lo consumo casi a diario como ingrediente de mi «Bol Poderoso». Una taza aporta 300 calorías, pero ésa es la cuestión, ya que conforma la base de mi dieta matutina. Compensa ese aporte con mucha fibra y proteínas, además de aportar vitaminas B y E, hierro, y mucho más.

Shirataki

No es un cereal, pero parece encajar en este listado. El shirataki es un fideo bajo o exento de carbohidratos procedente de Asia que es traslúcido y se elabora a partir de la raíz del ñame asiático konjac. Un equipo de investigadores de Tailandia ha descubierto que sólo 1 gramo tiene la capacidad de ralentizar significativamente la absorción de azúcar en tu torrente sanguíneo. Los fideos son insulsos, pero absorben el sabor de los otros alimentos que los acompañan.

Amaranto

El amaranto es uno de los cereales más completos a nivel nutritivo. Carece de gluten, en primer lugar, tiene un mayor contenido en fibra y proteína que el trigo y el arroz integral. Está repleto de vitaminas y algunos estudios demuestran que ayuda a regular la presión sanguínea y el colesterol. También reconstruye los músculos, puesto que es uno de los pocos cereales que contiene proteínas «completas», es decir, los ocho aminoácidos esenciales.

Teff

El teff procede de Etiopía. Existen variedades de color marrón y marfil, y en mi opinión la marrón es más sabrosa por su gusto dulce parecido al de la nuez. Una taza contiene 6 gramos de fibra y 10 gramos de proteína, así como un montón de minerales. También es fácil de preparar: vierte una taza de teff en tres tazas de agua hirviendo y cuece a fuego lento durante 20 minutos. Juega con tus especias preferidas para darle sabor, ya que el teff se combina bien casi con cualquier alimento.

Calabaza espagueti (amarilla)

En realidad es una verdura, pero si abres una calabaza espagueti, su interior parece el de un plato de espagueti, e incluso puede utilizarse como una alternativa a la pasta sin gluten. Úsala como acompañante de otros alimentos, porque esta calabaza no es rica en nutrientes.

FRUTOS SECOS Y SEMILLAS

Estos alimentos me ayudan a mantener el nivel de energía a medida que avanza mi jornada de entrenamiento. Los tomo crudos, no tostados, siempre que sea posible. Es fácil controlar la cantidad que ingieres (un puñado es un buen tentempié), y aportan proteínas sin reducir tu energía, además de proporcionar fibra y grasas monoinsaturadas. Añade almendras, pistachos, anacardos, nueces, pecanas, nueces brasileñas, nueces de macadamia, cacahuetes, semillas de lino, pipas de girasol, pipas de calabaza, semillas de sésamo, semillas de cáñamo, o semillas de chía a las ensaladas, cereales o incluso a los batidos.

ACEITES SALUDABLES (GRASAS)

Sin grasa, tu cuerpo no puede absorber la mayoría de vitaminas. Tomo aceite con moderación. Éstos son los que consumo:

Aceite de oliva

Es el aceite todoterreno. A estas alturas ya deberías conocer las grasas saludables que contiene el aceite de oliva. El extra virgen tiene un sabor intenso y es más caro, así que se suele utilizar para aliño de ensaladas, verduras o para picar (aunque a todo el mundo le encanta el pan mojado con aceite de oliva, tuve que dejarlo). Las versiones más suaves del aceite de oliva son aptas para cocinar.

Aceite de colza

Es estupendo para freír y saltear si no dispones de aceite de oliva. El aceite de colza puede soportar temperaturas relativamente altas, y su sabor neutro no dominará en una receta. Sólo tienes que tener cuidado: no confundas el aceite de colza con el «aceite vegetal» genérico que es más barato y se suele elaborar a partir de la soja o del maíz. Estos aceites registran niveles altos de ácidos grasos omega-6. Estas grasas poliinsaturadas no son nocivas cuando se compensan con abundantes ácidos grasos omega-3, como los que encontramos en el pescado y en el aceite de colza. Básicamente, los omega-6 pueden provocar inflamación en tu cuerpo, y los omega-3 tienen propiedades antiinflamatorias, así que debes buscar un equilibrio entre ambos en la medida de lo posible.

Aceite de coco

A algunas personas les asusta el contenido en grasas saturadas del aceite de coco, porque creen que hace subir el colesterol. Así es, pero se ha descubierto que el ácido láurico del aceite aumenta el HDL (el colesterol bueno). Además, algunos estudios han demostrado que el aceite de coco favorece el sistema inmunológico y puede ayudar a que el cuerpo haga un uso más efectivo de la insulina. El «aceite» no se parece a los aceites convencionales porque se comercializa en forma sólida como si fuera una manteca grasa (aunque sin las grasas trans). Algunas personas añaden una cucharadita de este aceite en el café y también es idóneo para los batidos y como sustituto de la manteca en la bollería.

Aceite de linaza

El aceite de linaza tiene un alto contenido en ácido alfa-linoleico, que es antiinflamatorio y puede ayudarte a rebajar el colesterol. Me gusta porque es un aceite más saludable que la mayoría de los que se comercializan y nuestros cuerpos no pueden producir los ácidos grasos esenciales que contiene este aceite por sí mismos.

Mantequilla de cacahuete

La mantequilla de cacahuete es muy saludable, siempre que sólo contenga un ingrediente: los cacahuetes. Lee la etiqueta con atención para asegurarte de que el producto no contiene azúcar, sal o aceite de palma añadidos. Otras mantequillas derivadas de frutos secos, como la mantequilla de almendra, son incluso más saludables.

Aceites de aguacate, nuez y avellana

Son perfectos para aliños de ensalada y para mezclar con otros alimentos. Añaden sabor y aportan una gran cantidad de grasas monoinsaturadas.

SUSTITUTOS DE LOS PRODUCTOS LÁCTEOS

Ten cuidado con las cremas no lácteas y sustitutos artificiales. Suelen tener un alto contenido en azúcar y grasas poco saludables. Si quieres reducir el consumo de productos lácteos, busca las siguientes alternativas a la leche, el yogur y el helado: leche de almendras, leche de coco, leche de arroz, leche de avellanas. Acostumbro a evitar la leche de soja debido a su alta concentración en isolatos de soja, que tienen propiedades estrogénicas, es decir, es nocivo para los músculos y puede favorecer el almacenamiento de grasas.

SOBRE EL AUTOR

Novak Djokovic es un jugador de tenis serbio que ha alcanzado el número uno del *ranking* mundial de la Asociación de Tenistas Profesionales. Se le considera uno de los mejores jugadores de tenis de todos los tiempos.

www.novakdjokovic.com